グローバル関係学ブックレット

政治経済的地域統合

アジア太平洋地域の関係性を巡って

石戸 光（編著）
畑佐伸英・渥美利弘・韓葵花（著）

三恵社

まえがき

本ブックレットは、「グローバル関係学」を新たに構築しようとする研究上の取り組みの一環である。特に政治経済的な地域統合を巡って「マクロ的主体」、(国家を超えて複数の経済統合枠組み)、「メソ的主体」(国家という主体)、および「ミクロ的主体」(産業団体や民族集団など)が階層性をなした形で政治経済的地域統合が創出されるという点を重視したいくつかの論稿を所収している。筆者らは新学術領域を構築すべく研究を開始したところであり、それぞれが重要と考えるテーマを取り上げながらも、「関係性」につき考察している。

第一章では、特に政治経済的な地域統合の「関係性」、とりわけ米国、欧州およびアジア太平洋地域において昨今みられる自由貿易主義から保護貿易主義への急速な変化を巡る新たな視点を、試論として提示してみたい。第二章においては、アジア太平洋における重層的な地域経済統合に関する考察を行う。第三章では、日中韓三カ国間の経済連携の可能性につき検討する。第四章では、模倣品という表象に焦点を当て、グローバル関係と新しいアプローチの検討を行っている。国家間の関係性を超え、階層構造をなす点をそれぞれの章により描出してみることとする。

目次

第一章　政治経済的地域統合と関係性

石戸　光[1]

1. 政治経済財的地域統合と「関係性」

本稿は、政治経済的地域統合について、「関係性」を中心に考察するものである。地域経済統合による関税削減、投資および人の移動の自由化は、一義的には、2つまたは複数の主権国家同士における自由化のリクエスト（権利主張）とオファー（譲歩）の一致により妥結される。また地域経済統合圏の内では、財・サービスの貿易を行う主体としての企業同士の相互作用が行われており、地域統合に関する政策形成の成否やグローバルな経済環境に影響を与えている。国や企業の間の関係性は複雑であるが、本稿においては関係性の経済学モデルを複雑性（非線形性）の視点より概観し（第2節）、第3節では、道徳感情の根源と関係性について考察する。最後の第4節においては、社会的関係性の理論構築に向けた展望を行うこととしたい。

2. 関係性の経済学モデルと保護貿易主義

本節においては、地域統合を行う主体間の「関係性」の断絶、とりわけ自由貿易主義から保護貿易主義への関係性の「断絶」を現実社会の複雑性（あるいは一筋縄ではいかない「非線形性」）に照らして考察してみたい。ここでそもそも的な事柄となるが、経済学の父としてのアダム・スミスの倫理学と経済学は、人間が幸福になるための道徳哲学としての学問であった。しかしここで「アダム・スミス問題」が想起される。この「問題」は、アダム・スミスの描き出す人間性が、互いへの共感原理を基調としたものなのか（『道徳感情論』において主に主張したと思われる）、自己愛を基調としたものなのか（『国富論』において主張したとされる）、あるいはその両者のバランスをどのように考えるべきか、という問いである。結論的にいえば「欲求と弱さを持つ人間は、両方を持ち合わせている」ということであり、コミュニティーレベルでの「関係性」もまた、これら2つへの配慮が同時的になされているということとなろう。その関係性がいかなるものかについて、以下で若干の考察を行う。

関係性を重視する地域統合では、一国中心主義すなわち自国の効用（利益）のみを高めようという行動原理が優勢となる。しかし地域統合を構成する複数の国家およびその内部の企業・家計などの何らかの「関係性」を考慮しなければ、平和的かつ相互に利益となる地域統合にはならない。本節では、吉田（１９９７）に依拠して、関係性の分析枠組みを論じてみたい。以下ではその概略を紹介しながら、複雑性（非線形性）の視点より考察する。主体１（国家、民族集団、個人など、「主体」として様々な文脈が想定できる）が主体２に対して権利を主張する場合、主体２から得られる利益は増加し、逆に主体１が主体２に譲歩する場合には、主体１の利益は減少する。そこで、権利主張と譲歩の度合いを示す変数X_{12}を導入し、X_{12}が正であれば、主体１は主体２に権利の主張を行い、負であれば主体１は主体２に譲歩を行っている状態であると考える。同様に主体２の主体１に対する権利主張もしくは譲歩の度合いを示す変数X_{21}を導入し、その値が正であれば、主体２は主体１に権利の主張を行い、負であれば主体２は主体１に譲歩を行っている状態であると考える。

　主体１の主体２との関係において得られる利益をU_{12}とすると、

$$U_{12}=a_{11}X_{12}+a_{12}X_{21} \quad (\text{ここで}\ a_{11}>0,\ a_{12}<0)$$

と表すことができる。

　主体間の少しの権利主張では、関係性はそれほど悪化せず、ある許容範囲であれば、関係性が大きく悪化しない。しかし許容範囲を超えると「非線形的」に急速に悪化するのが自然となる。そこで吉田（１９９７）においては、関係性の主観的な度合いを示す変数Ｒを導入し、主体１の持つ、主体２との関係性についての主観的評価を

$$R_{12}=b_{11}X_{12}^3+b_{12}X_{21}^3$$

$$(b_{11}<0,\ b_{12}<0)$$

とする。そして利益の追求と関係性の維持それぞれの望ましいと考える目標（イデオロギーとして国是や民族・宗教的信条により決定されている）とのかい離の大きさとして、

$V_{12}=(U_{12}-\bar{U}_{12})^2+(R_{12}-\bar{R}_{12})^2$

を考え、これが最小化されることを目指すことが主体1の実行可能かつ最適な行動となる。この行動原理により、吉田（1997）は関係性についての目標値が相対的に大きい場合（社会的粘着力が高い場合）に対応した、図1のような関係性を重視した状況下での主体1の実行可能な最適行動曲線を導出している。曲線は、実行可能な最適行動の組み合わせを表す。この曲線の形状が示すように、主体1は主体2が点Aから出発して譲歩から権利主張へと水平方向に関係性を変化させていった場合でも、点Bに至るまでは大きく権利主張の度合いを変えることはない。しかし点Bの水平座標を超えて主体2が権利主張を行った場合には、主体1は点Cへと急に転換し、さらに主体2が主張の度合いを強めた場合には点へと移行し

図1．関係性を重視した状況下での主体1の実行可能な最適行動曲線

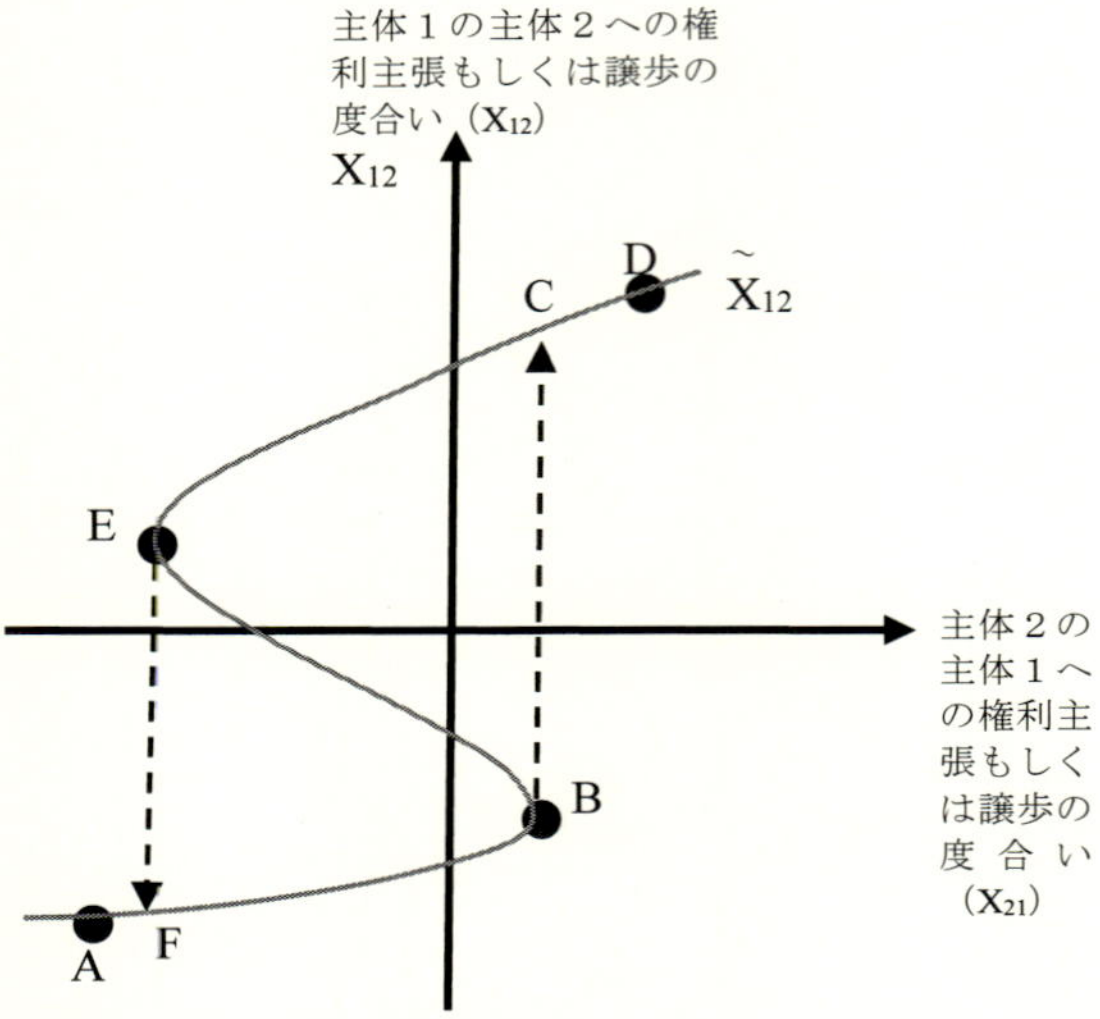

出所：吉田（1997）、図（2-4）

ていき、主体1は主体2に対してさらに権利主張を行うこととなる（そして同様のことが主体2についても当てはまる）。このような貿易をめぐっての権利と譲歩の関係性の急展開が、自由貿易主義から保護貿易主義へと世界的な潮流が遷移することの根底に存在しているように考えられる。

図2．関係性を重視した状況下での主体1および主体2の実行可能な最適行動曲線と均衡

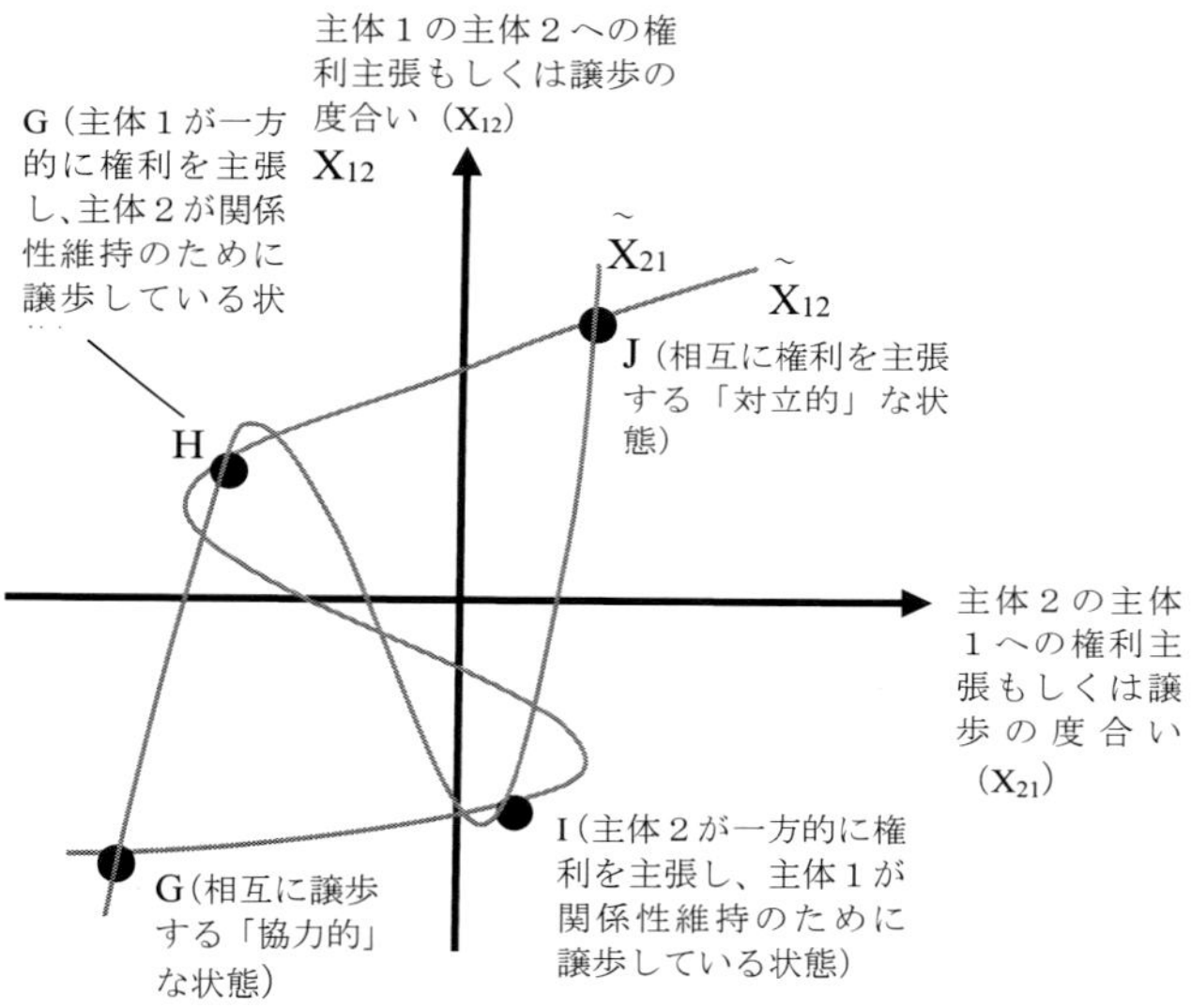

出所：吉田（1997）、図（2-7）より作成。

さらに吉田（1997）は主体1と主体2を組み合わせた図2のような状況をもとに両主体の関係性を論じている。それによると、図のG、H、I、Jの4つが安定的な均衡点となる。これらのうち、Gは相互に譲歩する「協力的」な状態、Jは相互に権利を主張する「対立的」な状態である。一方、H、Iはどちらかの主体が自身の目指す利益の目標を引き上げれば容易に消滅する脆弱な状態である。例えば主体1もしくは2（これらは政府、あるいは民族グループを指すと考える）のいずれかの政治経済上の方針転換に対応して自身の目指す利益の目標水準を変更することで、ＨおよびＩは消滅する可能性があり、結果的に主体１と主体２の関係性は急速に不安定化していくといえる。すなわちカタストロフィ（関係性の破局）が起こることとなる。いずれにしても、主体間の関係性が主体のアイデンティティーを決定するという見方ができる。

具体的な事例として、政治経済的な意味での地域統合（ＥＵおよびＡＳＥＡＮ）のプロセスでは、メンバーとなる異なる主体同士が互いに関係性を維持しながらも関税率の引き下げスケジュールや投資自由化の度合いなどに関する互いの権利主張を行っている。また、国内の異民族間での自治権をめぐる争い、領土主権をめぐっての争いにおいても、関係性を断絶させてしまうことを可能な限り回避しながらも、自らの目標とする利益を確保しようという行動が常にみられる。[2]そのため上記のようなモデルには一定の現実適用性があり、「関係性の破局」が起きやすいのは、点Ｈや点Ｉのように、どちらか一方の主体のみが権利主張を行い、もう一方の主体が関係性維持のためのみに譲歩している状態である。これらの状態では、「揺らぎ」として、偶発的な事件が些細なレベルで起こっただけでも、譲歩している側の「堪忍袋の緒が切れる」、すなわち「臨界点」を超えて点Ｈや点Ｉが消滅してしまうことにもなりかねない。交渉を行う主体間では、やはり「協力的」な状態（図２の点Ｇ）を目指すことが望ましい。「目には目を」、「対立」には「対立」を、という個人主義的な関係性ではなく、関係性を重視したあり方、いわば関係性の手段視に対する、関係性の本質視（吉田、１９９７）も重要な観点である。[3]しかし現実的には、むしろ「対立的」な状態（点J）が均衡となってしまうことも多い。これはなぜであろうか。次節においては、スミスの論じた「自己愛」について言及しながら、対立的な状態が起きやすい理由について検討してみたい。

3．地域統合の最小構成単位としての個人個人の道徳感情の根源と「関係性」

アダム・スミスの言う道徳感情の理想的あり方とは、心が平穏な状態（平常心を持った状態）である。そして倫理学は人間が心の良心に従って正しく生きる賢者になり、平穏な心を得るための学問、一方経済学は必要最低限の富を生み、失業をなくし、やはり心の平穏を達成するための学問であった。物質的に貧しい局面では、自由競争という「アクセル」の重要性が強調され、他人の利益を損なわない限りにおいては、自己愛に基づく競争が容認されるべきであるが、経済活動が独り歩きするほど勢いを得た段階では、物質的豊かさを追求するために自己愛のみが突出する経済のあり方が幸福と反する場合も出てくるため、「ブレーキ」（制御機能）として共感原理の重要性が強調されるべきである。すなわち、アダム・スミスの道徳哲学においては、倫理学的な共感原理と、経済学的な自己愛の原理は一体的にとらえられていたように思われる。

ここでスミスの『道徳感情論』において登場する「公平な観察者」、「誰かが見ていなくても神様は見ている」という観点は、外部規範への共感、外部規範の内在化であるが、『道徳感情論』第3部には、義務の感覚によって制御されるものの中に、利己心や自愛心が含まれていることが記されている。スミスは「自然は・・・我々を自愛心の妄想にすべてをゆだねてしまうことはなかった」（『道徳感情論』第3部4章）と記している。すなわち、自身の利益のみを追求する自愛心は義務の感覚のもとに制御されなければならず、また制御可能なはずであるとスミスは考えている。その上で、スミスは『国富論』において、自己愛（あるいは利己心）にもとづいた自由競争的な経済活動を容認したのである。各主体に生存の権利がある限り、譲歩し続けることには限界があるが、アダム・スミスのレッセ・フェール（いわゆる「自由放任主義」）も、分業において自己の利益追求が他者にも利益を与える限りにおいて是認されているにすぎないのである。[4]

ここで、「共感原理」などの公共的な価値の根源は、宗教的な信条に根差している場合が多いように思われる。たとえば仏教は筆者が研究してきたブータンやミャンマーにおいて広く信仰されているが、欲望を抑えることと、他者との関係性において寛容であるべきこと、幸福を積極的に追求することとが互いに不即不離の関係として捉えられているように思われる（青木・石戸・川嶋、２０１０）。その社会倫理的な意味合いとして、他者との関係性を十分に考慮することにもつながると考えられるのである。

ここでスミスは、社会秩序が人間によって意図されたものだとは考えておらず、社会秩序は「自然」によって意図されたものであり、人間は「自然」の「見えざる手」に導かれて行動するにすぎないとする。そして人間の集まりを社会秩序に導くのは、人間の中にある諸感情の作用であるとしている。もちろん、人間に常に一般的な諸規則から逸脱する可能性を持っている。具体的には、人間には賢明さ（一定の合理性）と弱さ（恐怖を感じるなど）があり、人間の中にある「弱さ」のため、「自然」が意図する完全な社会秩序は（堂目、２００８：６６-６７）、これまでのところ地域統合体を事例にしてみても、実現したことがないようである。

人間主体の限定された合理性ゆえに、たとえば自由貿易によって職を失うのではないかという「恐怖」やそれに耐えられない「弱さ」に起因する近視眼的な衝動が優先されることが、人間社会の関係性の常態のようである。恐怖も不確実性も主観的なもので、事物に根差したものではないだけに、増大しやすいのであろう。幸福感とは対極に位置する死への恐怖（Adam,1817:8）は人間主体につきものであり、人間の完全合理性を仮定し効率性のみに価値基準が偏ったアダム・スミス以降の経済学には、修正していくべき点が多いように思われる。

主流派経済学者のスティグリッツ（Joseph Stiglitz）は２００１年に「情報の経済学」への貢献でノーベル経済学賞を受賞しているが、主流派経済学のジャーナル上で"Impossibility of Informationally Efficient Market" (http://www.aeaweb.org/aer/top20/70.3.393-408.pdf　より閲覧可能)を出しており、「完全合理性を持たない人間は、限られた情報に基づいて行動するしかなく、その結果、マーケットにおける均衡点が現実には必ずしも効率性の基準さえ満足できない」ということを主張している。検証できないながらもポジティブな「希望」を持つことの必要性を相互に認識することが、実際の社会経済関係の好転にもつながるかもしれない。[5]

現実のコミュニティーにおいては、個人によって異質性が存在し（Anthony & Manfred, ２００７:３８７）、同一個人によっても宗教性・精神性に変化が生じていく（Anthony & Manfred, ２００７:３８５）。すなわち社会には複雑性が存在しており、ポジティブ心理学においては、人間行動の動機が原因となって、社会における行動の方向性および強度において揺らぎがみられることが指摘されている（Anthony & Manfred, ２００７:５３０）。また根源的な価値を保持することが、ミクロな主体のレベルの利益を高め、同時に他者との関係性を維持することによってマクロなコミュニティーレベルでの利益を大きくしていくことにもつながる。まさに他者との関係性の維持は人間の心理的幸福の基礎をなしているようである。もちろんミクロなレベルの幸福とマクロな意味の幸福（もしくは厚生水準）は水準が違うこととして区別される必要はあろうが、やはり個人の想い・考え（宗教観など含む）が、波及し、マクロのコミュニティーレベルでの想いにつながっており、経済体制の選択やデモ、そしてテロや領土問題をめぐる軍事介入などに発展していく。そして不完全な情報と限定された合理性の中で、ポジティブな感情を基軸として社会的な関係性を構築していくことの重要性は言を俟たない。

4．社会的関係性の理論構築に向けて

社会を構成する多数の主体間の関係性を解析するためのいわゆる「複雑性の科学」における視点からは、本稿で考察したコミュニティーレベルの関係性の関連事項として社会的な意味での「臨界点」の概念を挙げることができる。東南アジアにおけるＡＳＥＡＮ、ＲＣＥＰ、ＴＰＰなどの「コミュニティー」の重層的な地域経済統合は相互に与える緊張関係の源泉となっており、また基本的価値（民主主義、人権の尊重）や思想・宗教的な「差異性」は、当該コミュニティーのアイデンティティーに深く根差しているため、安定化と不安定化の境をなす「臨界点」に達しやすい事象であると考えられる。そして臨界点においては、「感受率（揺らぎの影響度）」が大きく、貿易摩擦や産業団体からの政策支持・不支持の表明、地域的なデモなど、小規模の「揺らぎ」がシステム全体の揺らぎへと拡大することにつながる。サブシステムにおける一定程度までの多様性は「比較優位」として国家間の地域統合にプラスの影響を及ぼすことと想定されるが、ある「臨界点」に達するほどの多様性は当該地域統合システムの不安定化につながり、新たなシステムの創発を要請することとなるのである。

さらに「関係性」と階層構造の「メタ理論」について最後に展望してみたい。階層構造とは、いくつかの層が入れ子となった構造で、社会科学では、個人↓家計↓民族や地方自治体↓国家↓国家統合体↓生態系といった各層の主体と思われるものに名前を付けて、その層の内部における相互作用を論じていくのが通例であるが、そのアプローチには限界があって、ミクロとマクロをつなぐメソの部分や、ミクロ的「個人」の中でも様々な情念や思想性が個人の行動に予測不能な大きな影響を与える。

予測不能な事柄を内包する「カオス」的なメソの場では、完全な合理性を仮定したミクロ的な考察ができず、かといって平均値に代表されるマクロ的・全体的な指標のみで語ることもできず、各主体間の関係性を超えた、いわばミクロとマクロを自由に行き来する形で関係性のあり方を論じることが必要である。水などの流体をめぐる科学的な分析では、「レイノルズ数」（=慣性力÷粘着力」で定義される）についての議論が展開されている。具体的には、流体の通常のスムーズな流れ（これは「層流」とよばれ、隣接する水分子との関係性が「スムーズ」である）から、関係性の乱れを伴う「乱流」（隣接する水分子の関係性が「断絶」する）への転換点に観察される「臨界レイノルズ数」は流体においては普遍的に一定の値をとることが示唆されている（阪口・草野・末次、２００８）。

社会の関係性においては、状況は非常に複雑であるが、いわば「社会的レイノルズ数」のようなものがあるかどうか、すなわち、社会全体の「慣性力」（社会としてある特定の方向に向かおうとする求心力の大きさ）と、社会を構成するよりミクロな層主体間の「粘性力」（社会的な連帯感といったもの）を対比してみて、それらの度合いの乖離が一定水準を超えると、社会全体の求心力についていこうとしない（他の主体との粘着力が低い）主体の「常道を逸したふるまい」が目立つようになり、「平常状態」（=層流）から騒乱状態（=乱流）に突然移行するのではないか、といった仮説が可能となる。

地域統合を巡る議論に限らず、所得、民族、宗教などの側面において、ある層での主体間の「粘着力」

が低いと、社会的なレイノルズ数は高くなり、臨界点を超えると、上位の層における「乱流」状態に至り、それが移民や難民、テロや経済危機といった形で表現される状況に至る、ととらえることができないであろうか。社会的な「慣性力」と「粘着力」とは深く関係している。「一国第一主義」という「慣性力」が国家を構成する業界・市民団体や企業同士のつながり、すなわち「粘着力」の弱いところで分断されてしまう状況は、たとえば２０１７年１月20日に発足した米国のトランプ政権と環太平洋パートナーシップ協定（ＴＰＰ）の成否、および国内の所得格差是正を巡る論戦のありようについての考察にそのまま援用可能と思われる。今後はさらに地域統合をめぐる「ミクロ」「メソ」「マクロ」の「階層性」を考慮した主体間の「関係性」について、ＡＳＥＡＮを巡る地域統合や日中韓の東アジアにおける地域統合の可能性などを事例に、さらに具体的な研究をしていきたい。

参考文献

青木寛子、石戸　光、川嶋香菜（２０１０）、「豊かさの経済を求めて：ブータン王国に思うこと」、『千葉大学人文社会科学研究』20号、pp.49-68・46

阪口秀・草野完也・末次大輔編（２００８）、『階層構造の科学　宇宙・地球・生命をつなぐ新しい視点』東京大学出版会。

スミス、アダム（１７５９）、『道徳感情論』。

スミス、アダム（１７７６）、『国富論』。

谷口文章（１９８０）、「アダム・スミスの共感について一『道徳感情論』をめぐって一」待兼山論叢、哲学篇、13、

pp.5-21
(http://ir.library.osaka-u.ac.jp/dspace/bitstream/11094/8545/1/mrp_013-001A.pdf#search='%E3%82%A2%E3%83%80%E3%83%A0%E3%82%B9%E3%83%9F%E3%82%B9%E5%95%8F%E9%A1%8C+%E4%BA%BA%E9%96%93%E5%83%8F')。

堂目卓生（２００８）、『アダム・スミス―『道徳感情論』と『国富論』の世界』、中公新書。

Anthony, D. Ong. and Manfred, H.M. Van Dulmen (2007), *Oxford Handbook of Methods in Positive Psychology*, Oxford: Oxford University Press.

Adam, Smith (1817), *The Theory of Moral Sentiments*, Boston: WELLS AND LILLY.

吉田和男（１９９７）、『複雑系としての日本型システム：新しい社会科学のパラダイムを求めて』読売新聞社。

---

[1] 本稿は石戸光（２０１７）、「コミュニティーレベルの関係性」、『公共研究』第１３巻第１号、pp. 97–107 に加筆修正したものである。作成に当たっては、ポジティブ心理学およびスミスの論稿における言及事項を整理する上で田代佑妃さんよりサポートして頂いた。記して感謝したい。

[2] 関係性の揺らぎの帰結として、主権国家間で領土が「伸び縮み」する可能性が出てくる。２つの主権国家間の権利主張と譲歩の在り方によって、領土の所属が決定されるのである。

[3] また、点Gは２つの曲線の形状からして、大きく変化することのない「安定的」「頑健的」な点である。

[4] すると米国におけるトランプ政権（２０１７年１月２０日に発足）のもとで掲げられた「米国第一主義」は、他者（国）の利益を減じてでも、米国の利益を優先する、という趣旨であるとすれば、他国との関係性を持続させる価値とは言えないことになる。

[5] 「希望」と幸福の関連性については、田代佑妃さん（心理学を専攻）より指摘していただいた。

第二章　アジア太平洋における重層的な地域経済統合
―生成過程、現状、展望と課題―

畑佐伸英

近年、アジア太平洋地域は、世界の成長センターとしての地位を確固なものとしており、米中露の本地域の大国のみならず、欧州からも熱い視線が注がれている。遠い将来、アフリカが台頭してくるまでの間、少なくともここ数十年の間は、経済的な意味においてアジアは世界の主戦場となるだろう。しかし、本地域には多様性と共に様々な難しい問題が横たわっている。大国と小国が入り混じった覇権争い的な様相、共産主義と資本主義のイデオロギーによる分断、領土・領海に関する紛争、過去の大戦に起因する見解の相違、民族・宗教間による対立、民主化を巡る政治的軋轢、格差と貧困問題、など欧州においては過去の遺産とも揶揄されるような問題が、依然として本地域の安全と安定を脅かす大きな課題としてクローズアップされている。

特に、アジア太平洋地域を巡る地域統合や経済協力の動きは、これらの上記の問題と複雑に絡み合っている。これらの諸課題との関係性を丁寧に読み解きながら、一つ一つ解決策を模索しつつ、望ましい統合や協力の在り方を考えていくことは、本地域の今後の更なる発展と安定には不可欠である。現在、アジア太平洋地域には、複数の経済統合の枠組みが、重なるような状態で存在している。こうした複雑で錯綜した、本地域における経済協力の現在の形は、どのような過程を経て構築されていったのか、また、それは今後どのように進展していくのであろうか。本稿では、こうした疑問に答えるべく、アジア太平洋地域における経済協力の枠組みの、生成過程や現状、そして、今後の課題や展望について、考察することとした。特に本稿では、関係性に焦点を当てた分析を試みるという観点から、出来るだけ本地域を巡る国際情勢や国際関係の変化や各国の対外政策の変遷に注目して、なぜそのような形が作られていったのか、その理由と背景を明らかにすることに的を絞って論を進めることとした。

まず第1節では、本地域の車の両輪ともいうべき、ＡＳＥＡＮ（Association of Southeast Asian Nations、東南アジア諸国連合）とＡＰＥＣ（Asia-Pacific Economic Cooperation、アジア太平洋経済協力）の誕生の経緯について述べ、続いて当初はＡＰＥＣへの参加に躊躇していたＡＳＥＡＮが、どのようにアジア太平洋の一員として、その枠組みに入っていったのかを説明する。第2節では、最初に、１９９０年代から２０００年代にかけて、ＡＳＥＡＮを中心として進展していった、東アジア地域での経済統合の形について解説し、次に、ＡＰＥＣ設立以降のアジア太平洋地域での経済協力の展開について、考察を試みる。第3節では、２００８年に環太平洋パートナーシップ（Trans-Pacific Partnership、ＴＰＰ）構想が浮上してから現在に至る、東アジアとアジア太平洋のそれぞれの地域における経済連携を巡る動きについて、論を進める。第5節では、本地域を経済統合の将来の形を占うべく、今後、東アジア地域包括的経済連携（Regional Comprehensive Economic Partnership、ＲＣＥＰ）や、アジア太平洋自由貿易圏（Free Trade Area of the Asia-Pacific、ＦＴＡＡＰ）、ＴＰＰを巡る議論は、どのように進展していくのかを、様々なケースを考慮しながら分析を行う。そして、最後に、まとめと昨今の反グローバル的な動きに関する若干の考察を加えて、終わりとする。

第１節　ＡＳＥＡＮとＡＰＥＣの誕生

１．１　ＡＳＥＡＮ設立の経緯

ＡＳＥＡＮの設立は、１９６７年８月８日にタイ、インドネシア、フィリピン、マレーシア、シンガポールの５か国で署名された、「ＡＳＥＡＮ設立宣言（バンコク宣言）」に由来している。当時の東南アジアの情勢は複雑で、戦後、旧宗主国からの独立を果たしたばかりの国が多く、国内外での不安定要素を抱えるなかで、各国が試行錯誤しながら、政権の運営と外交関係の構築に取り組んでいた。また、冷戦にも巻き込まれつつある中で、国際社会との対峙の仕方や域内協力の在り方なども、検討していく必要性に迫られていた。

１９６１年に当時のマラヤ連邦、タイ、フィリピンの３か国で結成された東南アジア連合（ＡＳＡ）と、１９６３年にマラヤ連邦、フィリピン、インドネシアの３か国で設立されたマフィリンドを、ＡＳＥＡＮの前身として重要視する議論もある。マラヤ連邦からマレーシアが誕生し、１９６５年にマレーシアから独立する形でシンガポールが誕生したことを考えると、東南アジア連合とマフィリンドの構成国が合わさった5か国は、ＡＳＥＡＮ設立時のメンバー国と同一である。また、ＡＳＥＡＮ設立宣言の内容は、ＡＳＡ設立宣言とマフィリンドの精神条項ともいえるマニラ宣言をブレンドした形になっていることも、そうした論調の根拠となっている。

もう一方で、反共の精神が5か国を結束せしめた主要因として、ＡＳＥＡＮの設立を説明する見方もある。もともと、フィリピンとタイは、１９５４年に設立された反共主義諸国の軍事同盟である東南アジア条約機構（ＳＥＡＴＯ）のメンバーであり、マラヤもイギリスの影響が色濃く反映された反共の立場を堅持していた。そこで注目されるが、当時、スカルノ政権のもとで、共産党が一役を担っていたインドネシアの動向である。その転機は、１９６５年9月30日に訪れる。軍事クーデターを契機に、共産党が弾圧の対象となり、代わって反共を掲げたスハルト新政権が１９６６年3月に誕生した。これで、5つの国の政権の反共という共通性が生まれ、その後のＡＳＥＡＮ設立へのイデオロギー的基盤が確立された（萩原、１９９０）。

確かに、ＡＳＡとマフィリンドの存在や、激化しつつあったベトナム戦争の最中での反共の精神は、ＡＳＥＡＮ設立に少なからず影響したとみられる。しかし、これらはあくまで表面的な部分であり、ＡＳＥＡＮ設立の本質は、加盟国間の主権の尊重と武力紛争の回避の意思を、相互に確認することにあった（山影、１９９１）。領域を巡るマラヤとフィリピン間、インドネシアとマレーシア間の対立もあり、

ＡＳＡやマフィリンドも結局は機能せず、当該地域の緊張が高まっていた中で、平和を担保しうるような新たな安全保障上の枠組み作りが急務であった。[6]

ＡＳＥＡＮは、各国の主権を尊重した緩やかな連合体であり、誕生当時はもっぱら政治的な協力が中心で、共同体への認識はまったくなかった。また、設立宣言の内容も曖昧で、コンセンサスによる合意形成が慣行となっていたことから、ルールや規制などに、厳格かつ強制的に縛られるということもなかった。こうした、いわゆるアセアン・ウェイは、様々な短所もあるが、結果的には多様なＡＳＥＡＮ諸国をまとめるうえで、大きな正の役割を果たしているものと考えられる。１９８４年にイギリスから独立して間もないブルネイ、１９９５年に共産党政権下のベトナム、１９９７年に軍事政権下のミャンマーと社会主義国のラオスの加盟も受け入れ、１９９９年のカンボジアの加盟を以て、東南アジア10か国による現加盟国の原型が完成したのである。

設立から10年ほど後の１９７６年には、第1回の首脳会議を開催し、域内の経済協力も進展をみることとなった。特に、冷戦終結後は経済面での協力関係の構築が緊密になってきている。アジア域内においては日本と中国、そして、世界においては米国と欧州という、巨大な経済国家や地域に対抗するべく、ＡＳＥＡＮ加盟国間の結束を図っていくことが重要であった。２０１５年末には、ＡＳＥＡＮ経済共同体（ＡＥＣ）、ＡＳＥＡＮ安全保障共同体（ＡＳＣ）、ＡＳＥＡＮ社会文化共同体（ＡＳＣＣ）からなるＡＳＥＡＮ共同体が発足し、中でも一番進展が期待されているＡＥＣには[7]、大きな注目が寄せられている。東南アジアの経済統合という点においては、ＡＥＣがその最終的な枠組みの形としてほぼ完成系に近づいており、今後は、実質的な中身の更なる協力の推進と深化が問われることとなる。

１．２ ＡＰＥＣ誕生までの歩み

ＰＥＣＣ（Pacific Economic Cooperation Council、太平洋経済協力会議）は、ＡＰＥＣの生みの親と言われるが、ＰＥＣＣの淵源をさらにさかのぼると、１９６５年頃に当時の小島清一橋大学教授が提唱した、「太平洋自由貿易地域構想」に行き当たる。[8]この構想を契機として、外務省出身で当時は日本経済研究センター理事長であった大来佐武郎と、当時の外務大臣であった三木武夫[9]などの協力を得て、１９６８年に学者が中心となって太平洋貿易開発会議（Pacific Trade and Development、ＰＡＦＴＡＤ）が設立された。さらに、翌年には日本商工会議所の永野重雄会頭(当時)が中心となって、産業界を基盤とした、太平洋経済委員会（Pacific Basin Economic Council、ＰＢＥＣ）も発足された。

１９７８年秋に、第一次大平内閣が誕生すると、大平正芳首相は「環太平洋連帯構想」を打ち出し、１９８０年１月には大来外相と共にオーストラリアを訪問して、フレーザー首相と懇談した。大平とフレーザーの両首相は、太平洋協力構想を推進することで合意し、１９８０年９月には本合意に基づいて、オーストラリアのキャンベラにて、「環太平洋共同体セミナー」が開催された。本セミナーには産官学の三者が参加しており、これが現在の太平洋経済協力会議（ＰＥＣＣ）の誕生ともいうべき、第１回の

ＰＥＣＣ総会として認識されている。[10]

アカデミック界を中心としたＰＡＦＴＡＤ、ビジネス界を中心としたＰＢＥＣ、産官学の三者構造を有したＰＥＣＣを基盤として、アジア太平洋地域での協力関係が進んでいく中で、１９８９年1月に当時のホーク・オーストラリア首相が、本地域における政府間組織の結成の可能性について言及し、それが結実する形で同年の11月にキャンベラにてＡＰＥＣ第1回閣僚会議が開催されたのである。[11]

アジア太平洋地域を枠組みとする経済協力の進展の淵源ともいえる小島清の「太平洋自由貿易地域構想」とは、まずは太平洋の先進5か国（米国、カナダ、日本、オーストラリア、ニュージーランド）で自由貿易を推し進め、更なる貿易の拡大と経済の発展を実現して、その余力を持ってアジアの開発途上国の開発を支援していくというものであった。そして、この構想の背景には、１９５７年のローマ条約締結で進展する欧州での共同市場の影響があり、その流れから孤立されかねない太平洋地域の協力の強化を念頭に置いたものであった（小島、１９９１：33）。

その後は、すでに上述したように、大来佐武郎や三木武夫、大平正芳などの政治家の意を汲みながら、いわば日本が推進役となって、アジア太平洋地域の経済協力は進展していくのだが、当時の日本がこのような構想を促進していく立場に至った背景も考察していく必要がある。過去の敗戦から立ち直った日本は１９６０年台にはすでに先進国の仲間入りを果たしていたが、冷戦が激化していく中で、日米同盟というしがらみを抱える中で、アジアや太平洋の近隣諸国との関係において、独自の外交戦略を描いていくことには、難しい側面があった。過去の過ちを反省して、戦禍を交えたアジアの国々に対しては、ＯＤＡなどを駆使して個別に対応してきたが、アジアを一体とした大きな面として地域的な広がりの中で、日本が主導的な役割を担う形で政治、経済、外交、安全保障上の貢献をしていくには、いまだ、アジア各国自身のみならず、周辺の大国の間においても、懸念が渦巻いていたのである。

その転換点となったのが、１９７５年のベトナム戦争の終結である。米国が敗戦の混乱の中で経済的に停滞していく中で、日本は安定成長期に突入し、“Japan As No. 1,”（Vogel, １９７９）と称されるまでになっていた。１９７０年代後半から80年代は、米国の対日貿易赤字が大きくクローズアップされた時期であり、日本の経済力が米国を脅かしていた時代でもある。また、米国のベトナム戦争の撤退は、アジアにおける米国の政治的影響力も相対的に弱体させることとなった。引き続き米国のアジアへの関与を維持していくには、むしろ、同盟国の日本に米国とアジアを結ぶ懸け橋的な存在としての役割を担ってもらいたいと、考えるようになっても不思議ではない。[12]

さらに、日本としても米国の影響力が衰退していく中で、これまでのような米国一辺倒の外交戦略では心もとなく、米国との関係を維持強化しながらも、より多面的で独自の外交を展開していく必要性にも迫られていた。アジア太平洋という地域の枠組みは、米国も含み、かつ、日本が継続的に関与してきたアジア諸国をも含むことから、日本にとっては戦略的に都合がよく、さらに、政治、経済、安全保障の観点からも日本にとっては大変に重要なエリアであることは間違いない。その意味で、すでに日本のイニシアティブで１９６０年代終わりから活発になりつつあった、ＰＡＦＴＡＤやＰＢＥＣなどの既存のフレームワークの強化と進化は、絶好の材料であり、時宜を得た取り組みであった。１９７０年代後半から始まった日本政府による、アジア太平洋地域の協力関係構築における積極的な外交の展開には、こうした国際情勢の変化という時代的背景と日本の当時の国家戦略上の思惑があったと考えられる。

また、ＡＰＥＣ誕生のきっかけとなった、１９８９年のホーク・オーストラリア首相による政府間組織結成についての発言の裏には、日本の通商産業省による周到な準備と根回しがあったことが指摘されている（通商産業省、１９９７）。当時、欧州ではローマ条約締結から30年以上が経過し、単一欧州議定書が１９８７年に発効されて、本地域での市場統合と政治協力は加速度的に深化している最中であった。さらに、北米では１９８９年に米国とカナダの間で自由貿易協定が発効し、そこにメキシコも加わった交渉も進められていた。一方で、ＷＴＯのもとで１９８６年から進められてきたウルグアイ・ラウンド交渉の進展は思わしくなく、欧州や北米に属さない、アジア太平洋地域の先進国にとっては、世界の経済市場から孤立しかねないとの懸念がもたれるようになっていた。日本やオーストラリアがこうした共通の認識を得られたことで、ＡＰＥＣ設立に向けた土壌づくりは、比較的スムーズに進んでいったものと理解できる。[13]

１．３　ＡＳＥＡＮのＡＰＥＣへの対応

アジア太平洋地域における経済協力の進展が始まった１９６０年代の終わりは、ちょうど１９６７年のＡＳＥＡＮ設立と同じ頃であり、当初、ＡＳＥＡＮ諸国は、このようなアジア太平洋を軸とした枠組み構築の動きにはそれほど関心はなく、まずは、自分たちの結束の強化が最優先事項となっていた。学界や財界中心のいわば民間主導の組織の構築については、特に違和感を唱えることもなかったが、それに官公庁などの公的機関が関与するＰＥＣＣの誕生が明るみになると、ＡＳＥＡＮの一部の国から懸念の声が聞かれるようになった。例えば、日米などの先進国主導の組織となるのではないか、日本の新たな経済侵略に利用されるのではないか、対ソ連の防波堤としての役割を担わされるのではないか、設立間もないＡＳＥＡＮの弱体化を招くのではないか、などについての憂慮である(高村、１９８４：80－81；大来、１９９１：16)。

こうした懸念も日本はある程度想定していたことから、最初から日本は表に出ずに、むしろオーストラリアやＡＳＥＡＮが前面に出ていくことを望んでいた。また、開かれた地域主義を強調していくことで、中国やソ連も希望すれば排除しないという点を確認した。さらには、協力の中身についても、ＡＳＥＡＮ諸国の要望を全面的に取り入れて、できるだけ議論の余地が少ない事項から取り組んでいくことで、理解の輪を広げていった（高村、１９８４：78－83)。

最終的には、オーストラリアによる個別の説得や、一部のＡＳＥＡＮ諸国からの前向きな意見が功を

奏して、１９８０年当時のＡＳＥＡＮの全加盟国であった5か国が同時に、第1回ＰＥＣＣ総会への参加を果たし、ＡＳＥＡＮのアジア太平洋秩序への取り込みは一先ずは成功した形となった。１９８９年のＡＰＥＣ設立の際には、１９８５年にソ連の最高指導者となったミハイル・ゴルバチョフの新思考外交によって、米ソ間の緊張が解きほぐされた時期でもあったことから、イデオロギー的な懸念や冷戦構造下での立ち位置を心配する声は聞かれなかったが、米国の参加の是非やＡＳＥＡＮの結束や独自性が損なわれないかという点において、疑念を唱える国は依然としてＡＳＥＡＮの中に存在していた。しかし、この時も最終的にはＡＳＥＡＮの意見を大々的に取り入れていくことで、当時のＡＳＥＡＮ全加盟国の支持を取り付け、ＡＳＥＡＮのＡＰＥＣへの関与は維持された。[14]

もっとも、前述したようにＡＰＥＣ設立時のＡＳＥＡＮを取り巻く世界経済関係は、ＰＥＣＣ設立時とは大きく変化しており、以前と比べれば、アジア太平洋地域の枠組みに参加していくことに対するＡＳＥＡＮの抵抗感は少なく、むしろ、大きなプラスの効果を期待するメンバー国もあったほどである。シンガポールは以前から貿易立国であったが、マレーシア、インドネシア、タイにおいては、１９８０年代に輸出志向型の工業化政策への転換を経てようやく経済を軌道に乗せ、１９８５年のプラザ合意以降は、積極的に外資を導入することで成長を加速させていた。

輸出志向型、外需主導型の経済モデルを取り入れて大きく発展した、これらのＡＳＥＡＮ先進諸国にとって、欧米市場との繋がりの欠如は死活問題になりかねない事態である。特にウルグアイ・ラウンド交渉が停滞している中で、ＡＳＥＡＮだけがアジア太平洋の経済圏から孤立して、貿易や投資において不利な扱いを受けることになりかねない状況は、なんとしても避けなければならないという危機感が、多少なりともＡＳＥＡＮ各国のリーダーたちの根底にはあったと考えられる。こうした経済的合理性の追求が、政治的、制度的な疑義や懸念を超克して、ＡＳＥＡＮのＡＰＥＣへの参加を促す要因となったことも、決して軽視できない側面の一つである。

第2節　ＡＳＥＡＮとＡＰＥＣを中心とした地域経済協力の進展

2.1　ＡＳＥＡＮを中心とした東アジアでの地域経済協力の進展

ＡＰＥＣ設立から間もない１９９０年12月、当時のマレーシア首相であったマハティールは、ウルグアイ・ラウンドの停滞を懸念して、東アジアで貿易ブロックを構築するという構想を発案した。東アジア経済グループ（East Asian Economic Group、ＥＡＥＧ）と呼ばれるこの構想のもとで想定されていたメンバー構成は、当時のＡＳＥＡＮ６か国に、日本、中国、韓国、香港、台湾、インドシナ諸国を含むものであった。しかし、マハティール首相の提案はかなり唐突的で、米国やカナダなどが除外されていたこともあり、ＡＰＥＣとの対抗意識むき出しの排他的で保護主義的な構想だとの批判が日米間から聞こえていた。１９９１年、ＥＡＥＧはＥＡＥＣ（East Asian Economic Caucus、東アジア経済協議体）

と名前を変え、中身においても経済ブロック的な意味合いを薄める形にしたが、結局、日米の慎重な姿勢を崩すことはできなかった（浦田、２００２：１７８）。

その後しばらくは膠着状態が続いたが、１９９３年に民主党のクリントン大統領が誕生して米国の政権が交代すると、前ブッシュ政権とは異なり、ＥＡＥＣ構想について以前より強硬に異論が唱えられることはなかった（伊藤、２００５：44－45）。１９９５年にはアジア欧州会議（ＡＳＥＭ、Asia-Europe Meeting）の発足に向けた準備会合が行われたが、そこでアジア側の参加国となったのがＡＳＥＡＮと日本、中国、韓国であった。当初、日本はオーストラリアやニュージーランドもアジアの参加国として加えるように主張していたがマレーシアの反対もあり、また、米国の態度の軟化により、日本もこれまでのように執拗にメンバー構成に執着する必要もなかった。特に、欧州対アジアという関係における会合において、果たして、オーストラリアやニュージーランドは、欧州と対するという意味においてアジアの代表の一員と言えるのか、また、かれらはアジア的な価値を共有しているのか、などの根本的な疑問について明確な回答は難しいということもあろう。

結局は、マレーシアの意見を汲んだＡＳＥＡＮの決定に従って、ＡＳＥＡＮプラス日中韓（ＡＳＥＡＮ+３）の枠組みにおいて、ＡＳＥＭという国際会議への参加を果たしていくのだが、これを契機として、日本としてもＡＳＥＡＮ+３というメンバー構成の形に消極的な姿勢を固辞することもなく、それ以降、ＡＰＥＣやＡＳＥＡＮの会議などを利用して、ＡＳＥＡＮと日中韓が同じテーブルについて顔を合わせる機会が増えていった。そうした中で、1997年12月に、第1回のASEAN+3首脳会議が開催された。1997年7月のバーツ危機でアジア経済が混乱する中で、ASEANと日中韓が協力して危機の対処に当たる、きっかけづくりを提供できたことは、タイミング的にもとても意義のある会合であった。その後、アジア近隣諸国へと飛び火していった通貨危機は、金融危機、経済危機として、アジア経済全体に打撃を与えるほどの悪影響を地域全体に与え、それが、逆にASEAN+3間の経済協力の深化を高めることにつながった。2000年にはチェンマイ・イニシアティブという、ASEAN+3間での通貨スワップ協定の締結が実現し、将来的にはASEAN+3域内の13か国で自由貿易協定を締結するという、東アジア自由貿易圏（EAFTA、East Asia Free Trade Area）に向けた研究や提案も、2000年代初めから活発に行われるようになった。

その一方で、ASEAN+3という枠組みで、このまま自由貿易圏構想が進んでしまうことに危機感を覚えたのが日本である。日本はかねてからオーストラリアやニュージーランドも、東アジアの経済協力の枠組みに加えていくことを提案しており、一旦はASEANの抵抗にあって鞘を納めていたが、ASEAN+3での協力が自由貿易圏の創設という、かなり具体的で国家の手足を縛りかねない条約という話にまで事が及んできたことで、再びそのメンバー構成についての問題を蒸し返した格好だ。その背景には、やはり中国経済の躍進による中国の台頭が、第一に挙げられる。中国はEAFTAの締結には積極的で、ASEAN+3の枠組みの強化にも主導的な役割を担っていた。中国は2003年には二桁成長の大台に乗せるなど、対外開放と市場経済の旨味をフルに享受しながら、内外においてその経済力を誇示する形で、世界においてもまたアジアにおいても存在感を高めていた。

日本では２００１年に小泉内閣が誕生して、ちょうど中国との関係は冷え切っていたこともあり、こうしたアジアにおける中国の政治的経済的影響力の増大は[15]、これまでアジアをリードしてきた日本にとっては、決して看過できるものではなかった。また、日本のみならずＡＳＥＡＮの一部の国も、中国主導で進みかねないＥＡＦＴＡやＡＳＥＡＮ+３協力の進展には、警戒心を抱いていた。こうした中国色を少しでも薄める材料として、オーストラリアやニュージーランドなどの自由主義的先進国家の参画を促すことは、メンバー国間の不安を和らげるだけではなく、躍動するアジアへの足掛かりを構築したかったオーストラリアとニュージーランド自身も望んでいたことであった。

ＡＳＥＡＮとしても日中の対立に巻き込まれて、ＡＳＥＡＮの結束が乱れることだけは避けたい思いもあり、中国の思い入れがあるＡＳＥＡＮ+３を継続しながらも、日本の面子を立てる形で、さらに、オーストラリア、ニュージーランド、そして、民主主義大国で潜在的経済成長が期待されるインドを加えた、ＡＳＥＡＮ+６の枠組みの構築に同意した。２００５年12月には、第11回ＡＳＥＡＮ首脳会議と第９回ＡＳＥＡＮ+３首脳会議に引き続いて、ＡＳＥＡＮ+６の16か国の首脳が集い、第１回東アジア首脳会議（East Asia Summit、ＥＡＳ）が開催された。また、２００６年には日本から東アジア包括的経済連携（Comprehensive Economic Partnership for East Asia、ＣＥＰＥＡ）を提唱し、ＡＳＥＡＮ+

6域内での経済統合の制度化に向けた取り組みを開始した。

それ以降、東アジアではＡＳＥＡＮを中心としながらも、より中国色が強いＡＳＥＡＮ+3と、より日本色が強いＡＳＥＡＮ+6の枠組みが、共存する状態が続き、前者はＥＡＦＴＡ、後者はＣＥＰＥＡの締結を目指しながら、域内協力の促進に努めてきた。中国は、より政府の関与が行き届いた、いわゆる国家主導的資本主義経済をベースとした経済協力協定の締結に軸足を置いている一方で、日本は、あくまで先進国よりの価値とルールを基本とした、貿易投資の自由化に焦点を当てた経済連携の強化にこだわっていた（大矢根、２０１１：43）。こうした日中の対立は深まるばかりで、時にＡＳＥＡＮを困惑させることもあった。ＡＳＥＡＮとしてはできるだけ日中両者の立場を守るよう、ＥＡＦＴＡとＣＥＰＥＡの進捗についても同じ速度で進むよう調整しながらの舵取りを行ってきた。東アジアの経済統合を巡る議論の進展は、域内の２つの大国のぶつかり合いによって膠着状況に陥ったのだが、それを解消するきっかけとなったのが、後述するアジア太平洋地域での経済協力を推進する環太平洋パートナーシップ（Trans-Pacific Partnership、ＴＰＰ）協定であった（深沢、２０１４：１０８-１０９）。

２．２　アジア太平洋地域での経済協力の進展

ＡＰＥＣは１９８９年の設立以降、徐々に加盟国を増やしながら発展していき、１９９３年からはメンバー国地域の首脳が集う一大イベントとして、注目を集めるまでになった。ＡＰＥＣの当初のスタン

スは、開かれた地域主義を基調とし、法的にメンバーを拘束しない緩やかな協力関係を構築していくことであったため、「ボゴール目標」[16]のような経済自由化に向けたおおまかな指針を打ち出すことはあったが、それを強要させるような組織的なルールや慣行は存在していなかった。

こうした中、２００４年にビジネス界の代表で構成されたＡＢＡＣ（ＡＰＥＣ Business Advisory Council、ＡＰＥＣビジネス諮問委員会）が、ＡＰＥＣ域内の21カ国・地域で自由貿易圏を形成するという、アジア太平洋自由貿易圏（Free Trade Area of the Asia-Pacific、ＦＴＡＡＰ）構想を提案した。ＦＴＡＡＰの提起が財界からなされた背景には、企業家ならではの切実な問題がはらんでいた。ＷＴＯドーハ・ラウンドが停滞する中で、２０００年代からアジア太平洋地域でのＦＴＡ(自由貿易協定、Free Trade Agreement）が急増していた。こうした2国間や複数国間の個別の異なるＦＴＡの増大によって、海外との取引に関するルールや制度が複雑になり、そのための事務処理や手続きが煩雑になって、かえってビジネスコストの増大をもたらすという、いわゆる、スパゲティ・ボウル現象[17]に対する懸念であった（みずほ総合研究所、２００６：2）。

このようなＡＢＡＣによるＦＴＡＡＰ構想は、条約として法的にメンバー国地域を拘束しかねず、ＡＰＥＣの理念とは合致しないということもあり、当初は耳を傾けられなかった。しかし、２００６年に米国がこの構想に前のめりになったことで、事態は動き出すこととなる。この年に開催されたＡＰＥＣ首脳会議では、ＦＴＡＡＰ構想を含め地域統合を促進していくための研究を実施していくという宣言がなされた。米国のこうした態度は、２０００年代初めから活発になってきた東アジア域内での経済協力の枠組みが、米国を除いた形で進展してきていることに対する牽制と、ＡＰＥＣ内で自由貿易を加速させる意思を表明することで、難航するＷＴＯ交渉を少しでも前進させたいという意図的な戦略によるものだという見方もある（みずほ総合研究所、２００６：６）。

米国のＦＴＡＡＰ推進の動きと相いれるように出てきたのが、ＴＰＰ協定である（椎野、２０１０：56）。ＴＰＰは、シンガポール、ブルネイ、ニュージーランド、チリの４か国が、２００５年６月に締結した環太平洋戦略経済連携協定（Trans-Pacific Strategic Economic Partnership Agreement）に、その淵源がある。同協定は２００６年５月に発効後、２００８年３月から投資や金融サービスに関する分野の交渉が開始されていた。米国はこの段階から交渉に加わることを決断し、２００８年９月には本協定への参加を表明した。その後、10月には豪州、ベトナム、ペルーが交渉参加の意図を表明し、２０１０年３月には８カ国で交渉が開始された。さらに、２０１０年10月にマレーシア、２０１２年10月にメキシコとカナダ、２０１３年７月には日本が交渉に加わり、最終的には、12カ国にまで参加国が拡大した。[18]

米国のＦＴＡＡＰ推進からＴＰＰ重視への方向転換には、２００８年のオバマ政権誕生の影響があった。アジア太平洋域内で経済自由化を促進しようという方向性は、ＦＴＡＡＰとＴＰＰの両者に共通する到達目標の一つであるが、両者には異なる点も多く存在する。その最も重要な点がメンバー構成である。ＦＴＡＡＰはあくまでＡＰＥＣのＦＴＡという位置づけから、ＡＰＥＣの21加盟国・地域がその参加メンバーとなることは明白であるが、ＴＰＰについては、当初の構成国であるシンガポール、ブルネイ、ニュージーランド、チリの４か国は確定しているものの、その他の交渉参加国は基本的には自国の判断によって、自由な参加や離脱が認められている。さらに、ＦＴＡＡＰはこれからＡＰＥＣメンバー内で、一から話し合いによってその中身が詰められていくのに対して、ＴＰＰはすでに既存の協定をベースにしているということで、その内容についても大枠においては自由化度が高めに設定された中で、交渉が進められていく（寺田、２０１３：78）。

参加国と中身の相違という点において、米国がＴＰＰを利用したい理由は良く理解できる。ＦＴＡＡＰを構成するＡＰＥＣメンバーは21か国と多く、また、経済力や経済制度においても多様性を有していることから、交渉が困難を極めることは容易に想像できる（Oba, 2016：103）。特に、米国を含む先進国と中国やその他の途上国との意見の相違によって、時にそれが米中の主導権争いという、不毛な政治的駆け引きに陥りかねない危険も潜んでいる。ＦＴＡＡＰの交渉には、非常に大きな労力と時間が費やされることが予想され、そうした交渉の長期化を出来れば避けたいというのが米国の本音である。その点、ＴＰＰは初めから意見が合いそうにないメンバーを排除することも可能であるし、大国の中国がいない中で、米国主導で交渉を引っ張っていくことも可能である。協定の内容については、あくまでも市場経済ルールに則った、先進国型の制度構築と高いレベルでの自由化を目指したいという、米国の野心的な期待がある。

ＦＴＡＡＰはブッシュ政権時に提案されたものではあるが、もともとブッシュ大統領は、２００１年の就任以降、同年９月に起きたテロ事件によって、中東でのテロ対策で手一杯となり、アジアへ目を向ける余裕はなくなっていた。それと同時に米国のアジア太平洋地域への関与も弱わり、ＡＰＥＣの勢いも陰りを見せていくのだか、その間に、東アジアでは、中国が影響力を高めて域内経済統合に向けた準備を着々と進めていた（田中、２０１０：３７０-３７３）。テロ対策も一息ついたところで、こうした動きに睨みを利かし始めたのが、２００６年のＦＴＡＡＰの提案であったのだ。

当時の米国のＦＴＡＡＰ構想に対する姿勢は、アジアへの積極的で前向きな関与というよりは、むしろ、中国主導の東アジア経済統合への牽制であり、この点において２００８年に誕生したオバマ政権とは、アジア外交戦略上、大きな違いがある。オバマ政権下では、リバランス(rebalancing to Asia)やピボット(pivot to Asia)という言葉に象徴されるように、これまでよりアジアに重きを置いていくという大きな外交方針の転換を訴えた。米国発の世界金融危機によって欧米経済が低迷している中で、成長著しいアジアの経済力は魅力であり、米国にとってはアジアとの貿易の拡大は、経済回復に向けた起爆剤となりえると考えていた。ＴＰＰの中にアジアの国や地域を引き込み、共通の経済ルールと野心的な自由化レベルのもとで、アジアとの経済協力を拡大させていくことで、米国経済にプラスの効果をもたらしていきたいという意図があった。

こうして様々な思惑を抱えたオバマ政権下で進められたＴＰＰ交渉は、途中、右往左往しながら、また、漂流する危機にも直面しながら、最終的には日本からの強力なバックアップもあって、２０１６年２月に12か国で署名に漕ぎ着けることができた。あとは各締約国内で批准の手続きを済ませ、出来るだけ早期の発効を目指すという段階まで来ていた。しかし、オバマ大統領の任期が終わり、２０１７年にトランプ政権が発足すると、事態は急変してしまう。２０１７年１月23日、トランプ大統領がＴＰＰから米国が離脱する旨の大統領令に署名したことで、米国内でのＴＰＰの批准手続きが進まないだけでなく、ひいてはＴＰＰの発効も困難な状況となった。米国のイニシアティブで誕生したＴＰＰが、米国自らの手によって葬り去られることになるとは、何とも皮肉である。

第３節　アジアを舞台とした地域経済協力の現状

３．１　一つに収斂された東アジアでの広域経済連携の動き

２００８年から米国主導で形成されつつあったＴＰＰの進展は、東アジアの経済協力の枠組みにも大きな影響と変化をもたらした。東アジアでは２００６年に日本が主導でＣＥＰＥＡの創設に乗り出したことで、２０００年代初めから中国の後押しを受けて提案されていたＥＡＦＴＡと、共存、競合する状態が続いていた。このないわば日中の主導権争いの中で生じてきた対立と牽制は、議論の停滞と先

延ばしに寄与するばかりで、ＥＡＦＴＡもＣＥＰＥＡもスピード感を持って早期に結実されるという方向には動いていなかった。

こうした袋小路から抜け出すきっかけとなったのがＴＰＰの進展である。ＴＰＰのメンバーとなっていない中国は、ＴＰＰのスピード感と早期の実現可能性に警戒感を示すようになり、このまま東アジアでの広域ＦＴＡの議論が日中間の対立で停滞したままで、ＴＰＰが先行する形でまとまってしまうと、中国はアジアの自由貿易圏から孤立しかねないという焦りがあった。ＴＰＰのような中国抜きのアジア広域経済連携協定がこのまま一人歩きをして、これがアジアのスタンダードとして確立してしまうのは、単に貿易投資面で経済的に不利な状況に立たされるだけではなく、経済制度の構築やアジア諸国との経済関係の深化など、さらに大きな視点から俯瞰した場合においても、中国にとっては大きな痛手となりかねない。

中国としては、ＡＳＥＡＮ+3（ＥＡＦＴＡ）にオーストラリア、ニュージーランド、インドの3か国が加わるかどうかという議論に固執するより、できるだけ早期に東アジアにおいて経済連携協定を締結させて、ＴＰＰによる中国のアジアからの孤立化を防ぐことを優先させたのである。中国は柔軟な姿勢に転じ、日本に働きかけて、ＥＡＦＴＡとＣＥＰＥＡの差異を超えて東アジア広域ＦＴＡを早期に実現していくことを確認し、日中共同で２０１１年8月に、「ＥＡＦＴＡおよびＣＥＰＥＡ構築を加速させるためのイニシアティブ」を提案した（石川、２０１５：２３７）。このような日中の対立の解消は

ＡＳＥＡＮにとっても大変に好ましいことであり、２０１１年11月にはＡＳＥＡＮ首脳会議が、東アジア地域包括的経済連携（Regional Comprehensive Economic Partnership、ＲＣＥＰ）を進めていくことで合意した。こうして、ＥＡＦＴＡとＣＥＰＥＡはＲＣＥＰへと収斂され、枠組みとしてはＡＳＥＡＮ+６が継承される形で、交渉が進められることとなった。

これまでは、日本や中国の対立ばかりが表に出てきて、それをＡＳＥＡＮが遠目で静観するという状況下で進んできた、東アジアでの経済協力の議論であったが、今後は、ＡＳＥＡＮが中心となってＲＣＥＰをリードしていくことになった。元来、東アジア地域での経済統合の推進役はＡＳＥＡＮであり、いわゆるＡＳＥＡＮ中心性を基礎として事が進んでいたのだが、中国の台頭とそれに対抗する日本が表舞台に出てきてしまったことで、いつのまにか、主導権が日中に奪われてしまった格好となった。そうした、ＡＳＥＡＮからしたら不要な混乱がようやく解消され、再びＡＳＥＡＮがドライビングシートに戻ってきたというのが、現在の東アジアの状況である。

３．２　ＦＴＡＡＰとＴＰＰが共存するアジア太平洋地域での経済協力の形

ＴＰＰ交渉の急速な進展は、アジア太平洋地域におけるＦＴＡ構想においても、大きなインパクトを与えることとなった。米国はあくまでＦＴＡＡＰを推進していく過程としてＴＰＰを利用しているという立場である。そうしたＴＰＰの位置づけは、ＡＰＥＣ内でも共通の認識として理解されていることを

示すために、ＦＴＡＡＰは既存のＡＳＥＡＮ+3、ＡＳＥＡＮ+6、ＴＰＰなどを構築し発展させていく中で実現していくべきであることが、２０１０年に横浜で開催されたＡＰＥＣ首脳会議の宣言において盛り込まれた。この首脳宣言の意味するところは、あくまでＴＰＰを優先してアジア太平洋地域の経済協力を進めるという意思の表れであり、裏返せば、ＴＰＰと同時進行、或いは、それよりも早くＦＴＡＡＰを進展させるべきではないという意味でもある。

しかし、ＴＰＰ交渉に参画していない中国がこのまま指をくわえておとなしくしているはずはなく、上述したように、東アジアではＲＣＥＰを加速させることに動いたのに加え、ＡＰＥＣ内でもＦＴＡＡＰ実現に向けた取り組みを前進させることを、２０１４年の北京ＡＰＥＣの際に仕込んだのである。中国は当初、ＡＰＥＣの公式文書の中で、ＦＴＡＡＰの実現目標を２０２５年と明記することを望んでいたが、まずはＴＰＰの締結を優先している日米の反対にあって折り合いがつかず、結局は具体的な達成時期についての明確化は見送られ、可能な限り早期に実現するという文言で落ち着いたのだ（馬田、２０１５：２６８-２６９）。ＴＰＰが進展したことで影を潜めていたＦＴＡＡＰが、こうした中国の努力によって、２０１４年にまた再び表に出てこようとしていた。

だが、中国の頑張りもむなしくＴＰＰは２０１６年2月に署名を迎えてしまった。もはや中国にとっては万事休すという段階に来て登場したのが、トランプ米大統領である。大統領選挙の時からＴＰＰへの離脱を公約に掲げていたトランプ大統領は、すでに述べたように、就任早々に米国のＴＰＰ離脱に関する大統領令を発令し、米国が参加した形でのＴＰＰ発効の見通しは絶望的となった。ここにきて、また再びＦＴＡＡＰが表舞台に出てくることになったのである。２００６年に米国の肝いりでデビューしたＦＴＡＡＰは、２００８年のＴＰＰの登場でしばらく陰に隠れていたが、そのＴＰＰが一度頓挫したことで、今度は中国の後押しを受ける形で、また、復活を遂げたのである。

一方で、一時は瀕死状態となったＴＰＰではあるが、たとえ米国の参加が見込まれない中でも、存続させていくべきであるという意見もあり、現在、その可能性について協議が進められている。米国以外の11か国によるＴＰＰメンバー国間での今後の交渉次第では、すでに署名済みのＴＰＰと同様の内容で、米国抜きの環太平洋経済連携協定（ＴＰＰ11）を締結していくことも模索されている。或いは、若干の修正が認められる場合や、参加国に柔軟性を持たせる可能性もあるだろう。いずれにしろ、ＴＰＰ存続への機運の高まりは未だ健在であり、今後もアジア太平洋地域ではＦＴＡＡＰとＴＰＰの共存が続いていくであろう。

第４節　アジア太平洋における地域経済統合の行方：展望と課題

かくして、アジア太平洋にはＥＡＦＴＡ、ＣＥＰＥＡ、ＦＴＡＡＰ、ＴＰＰと、一時最大で４つの広域の地域経済協力の枠組みが存在していたことになるが、それが現時点においては、３つに収斂したことになる。つまり、東アジア地域においてはＡＳＥＡＮを中心としたＲＣＥＰがあり、アジア太平洋地域にはＡＰＥＣをベースにしたＦＴＡＡＰと米国抜きのＴＰＰが共存するという状況である。では今後の本地域の経済統合の進展はどうなっていくのであろうか。

この問いに答えを出すうえでキーマンとなってくるのが、米国のトランプ新大統領である。これまで述べてきたように、米国は、ＴＰＰを含むアジア太平洋地域における通商政策のみならず、同盟国の日本というチャンネルを駆使して、東アジアの地域統合の在り方にも、大きな影響力を及ぼしてきた。また、そうした経済関係に限らず、対アジア外交やアジア太平洋地域の国際関係においても、抜群の存在感を示し続けてきた。したがって、トランプ米国大統領の誕生は、今後の本地域における経済協力の展開を予想する上で、最も慎重に取り扱わなければならない要素の一つである。

しかしながら、トランプ政権下での米国の対外政策については、まだ新政権発足後わずかという時間的な問題のみならず、政権内部での意見の不一致や、大統領自身の一貫性の欠如なども相まって、不明確な要素があまりにも多い。トランプ政権の真意は未だ計りかねず、その今後の展開を的確に判断することは容易ではない。だが本節ではそれを敢えて承知の上で、以下、若干の考察を検討していくこととする。

4．1　トランプ政権下では非現実的となった米国のＴＰＰへの参加

安倍首相は、ＴＰＰをアベノミクスの成長戦略の一つとして掲げ強力に推進してきただけに、当初は、オーストラリアなどとも連携して、ＴＰＰの重要性をトランプ大統領に訴えて、米国の再考を求めていくという姿勢であった。しかし、そうした当初の安倍総理の意気込みは、２０１７年2月に行われた日米首脳会談の席では感じることはできなかった。トランプ大統領は、自動車や為替などの経済問題に関連して、事前に日本を痛烈に批判していたにも関わらず、安倍総理との会談の席ではこうしたことには触れず、むしろ、安全保障面において日本の要望について満額回答を示したことで、安倍総理もトランプ大統領が嫌がる話題は避けたものと推測される。日本も足元をすくわれかねない経済事情を抱えている以上、米国のＴＰＰ離脱を蒸し返すことで、それが逆に自分たちへの批判として跳ね返ってくることを恐れたのであろう。

日本主導による米国への説得工作は、結局、失敗に終わった。日本の他に、米国のＴＰＰ復帰を促す役割を果たせるような大国はあるだろうか。有力候補としてはカナダとオーストラリアであるが、両国は難民政策に対する意見の相違で、トランプ大統領との関係は良好ではない。さらにカナダにおいては、ＮＡＦＴＡの再交渉というカードを握られている中で、ＴＰＰの延命にまで手を伸ばす余裕はないのが実状であろう。

では、ＡＳＥＡＮはどうであろうか。ＡＳＥＡＮにはＴＰＰに加盟している国（シンガポール、ブルネイ、マレーシア、ベトナムの4か国）とそうでない国があり、ＴＰＰはＡＳＥＡＮを分断させかねないとの危惧もある。[19]また、米国主導を嫌う国や、ＴＰＰは対中国包囲網ではないかという懸念から中国に配慮して参加を躊躇している国など、ＡＳＥＡＮには多様な意見があることから、ＡＳＥＡＮ全体としてＴＰＰに関与していくことは到底考えられない。むしろ、本音ではＡＳＥＡＮ全体としては、ＴＰＰのお蔵入りを好意的に捉えているのではないだろうか。東アジアでは日中の対立に巻き込まれ、アジア太平洋では米中の争いで身内に亀裂が入りかねない状況に、ＡＳＥＡＮとしては疲労感を感じてきたに違いない。ＲＣＥＰの誕生で東アジアでの火種が消えた今、残るアジア太平洋地域を巡る大国の覇権争いに、とりあえずは終止符が打たれたことに、最も安堵しているのは実はＡＳＥＡＮではないであろうか。

いずれにしろ、現時点において米国に翻意を促す国や組織は存在しておらず、その意味で国内世論の変化や政権交代などで米国自身が意見を覆さない限り、米国が再びＴＰＰに戻ることはない。現在の協定下では、署名国の２０１３年ＧＤＰの合計の８５％以上を占める、少なくとも６つの国で国内手続きが完了することが発効の条件となっている。[20]米国のＧＤＰは、締約国全体の６０・３％を占めていることから、米国抜きでＴＰＰが発効されることはそもそも前提としていない。[21]したがって、ＴＰＰ１１に向けての協議の中では、本協定の発効条件を変更することなども考えられている。

日本としても、正攻法で米国のＴＰＰ離脱を翻すという、当初の方針は転換したようである。現時点における日本の戦略としては、むしろ、米国が不参加の中でもＴＰＰを存続させることで、非参加国の経済的利益を逸失させて危機感をあおり、よって婉曲的そして長期的に米国の復帰を促していこうという考えである。日本はＴＰＰ11の交渉の進展にも積極的に取り組んでおり、米国の将来的な復帰も見据えた形で、新たな協定の合意ができるかどうか注目である。

4．2　ＲＣＥＰとＦＴＡＡＰの今後の展開

ＴＰＰの登場によってＲＣＥＰやＦＴＡＡＰの動きが活発化したという事実を考慮すると、そうしたドライビング・フォース的な役割を果たしてきたＴＰＰが危機に直面している今、これまでのようにＲＣＥＰやＦＴＡＡＰは進展し続けていくのであろうか。つまり、アジア太平洋地域では、もうＦＴＡ競争やドミノ効果[22]などは起こらず、ＲＣＥＰやＦＴＡＡＰも勢いをなくし停滞してしまうのではないかという懸念である。

さらに、もう一つ考慮しなければいけない点は、ＲＣＥＰへの一本化と米国のＴＰＰ離脱で、日中や米中の対立が終焉したわけでは、決してないということである。東アジアについては、ＲＣＥＰでまとまったことでＡＳＥＡＮの存在感が増し、依然よりはＡＳＥＡＮのリードで日中の対立をうまく収めていくことが可能かもしれない。しかし、自由化のレベルや適用する制度やルールなど協定の具体的な中身の詰めの議論はまさにこれからであり、こうした細部にわたる実務者間の協議を経て、その成果がテキストとして書き上げられる中で、日中が対立する場面は、今後も数多く出てくるであろう。

仮にＴＰＰが完全に崩壊してしまった場合には、ＲＣＥＰがアジアのスタンダードとしての地位を確立してしまう可能性もあることから、日本としてもその中身については今まで以上に本腰を入れてハイレベルなものへと導く義務がある。これまでのように、ＴＰＰは先進国的なハイスタンダードなものに、ＲＣＥＰはアジア的な慣習をベースに、という棲み分けがしづらい状況においては、ルール作りにおいて日本が求められる役割のハードルは、かなり高まってくる。その一方で、中国にとっては敵対していたＴＰＰがなくなった場合には、急いでＲＣＥＰをまとめるインセンティブは薄れることになり、ＲＣＥＰへの一本化の時のように、日本に妥協する場面も少なくなるであろう。日中の対立が再燃しかねないこうした新たな状況の中で、ＲＣＥＰの交渉がスムーズに進められるかどうかは、さらに注意深く考えておく必要がある。[23]

ＦＴＡＡＰにおいてもＲＣＥＰと同様、協定の具体的な内容において、中国対日米という構図が持ち込まれることに変わりはない。これまでの、ＥＡＦＴＡ対ＣＥＰＥＡ、ＴＰＰ対ＦＴＡＡＰというような枠組み対立から、今度はＲＣＥＰとＦＴＡＡＰというそれぞれの枠組み内での対立が鮮明となってくる。戦いの土俵が変わっただけで、依然として日中、米中の対立は存在し続けるのである。また、ＦＴＡＡＰでもラオス、カンボジア、ミャンマーがＡＰＥＣメンバーになっていないことから、ＡＳＥＡＮが分断されるという懸念は残ったままである。これらＡＳＥＡＮの後進3か国のＡＰＥＣへの加入の問題は、ＦＴＡＡＰを進めていく中で、いずれ重要なテーマとして議論されていくであろう。開かれた地域主義を掲げているにも関わらず、ＡＰＥＣの新規加盟は１９９８年以来行われていない。こうした新規参加に関するセンシティブ問題を、一旦取り上げてしまうと、ＡＳＥＡＮ以外でもインドや他の中南米諸国など、ＡＰＥＣへの関心を抱いている国は多数あることから、複雑で難しい議論に巻き込まれ、それこそＦＴＡＡＰ交渉の長期化を助長させかねない。

もし、上記のようなシナリオのもとでＲＣＥＰやＦＴＡＡＰの議論が思うように進まない、或いは、ＲＣＥＰやＦＴＡＡＰの内容に満足いかないという事態に陥った場合には、ＴＰＰのような形で、出来る国から自主的に集まってやりましょうという話がでてきても不思議ではない。トランプ大統領は、通商政策は２国間交渉を中心に進めることを公言しているが、日米首脳会談の共同声明の中では、地域における経済関係の強化についても触れられており、地域間経済協力の枠組みへの参加の可能性も残した格好となっている。したがって、ＴＰＰではないにしろ、それに類するような新たな広域経済連携を日米で模索していくことも、全くないとは言えない。

４．３　ＲＣＥＰの優位性は存在するか

ＲＣＥＰとＦＴＡＡＰを比較した場合には、仲裁的な役割も果たしてくれるＡＳＥＡＮという力強いリーダーが存在するＲＣＥＰのほうが、交渉の進展は早いかもしれない。また、ＲＣＥＰのほうが交渉プレーヤーの数が少なく、より早期に議論をまとめやすいという、大きなメリットもある。[24]さらに、

米国のＴＰＰ離脱がアジアへの関与の後退と受け止められる場合には、ＡＰＥＣが陰りを見せる中で２０００年代初めに中国主導でＥＡＦＴＡを中心とするアジア経済統合の動きが活発化したように、東アジア主義がアジア太平洋主義を凌駕する形で再燃してくることも考えられる。[25]

しかし、米国が入っていないＲＣＥＰを、ＦＴＡＡＰより早くまとめてしまうことに、日本が抵抗する可能性も考慮しなければならない。米国に気を使う日本にとっては、むしろ、ＦＴＡＡＰをＲＣＥＰよりも優先させたいという思いがあるかもしれない。ＲＣＥＰの進展に対抗する形で、ＦＴＡＡＰの交渉もスピードを上げ、ほぼ同時期の早い段階で両者が締結されるというシナリオが、日本にとっても最も理想的であると考えられる。

もっともＲＣＥＰの進展で米国が本当に焦りを感じるのかどうかは依然として読みにくい。米国のアジアへの関与の程度がトランプ大統領の下で今後どうなっていくのか、また、アジア各国との通商戦略はどのようなスピード感で進められていくのかが、まだ見えていないからだ。これまでの主張のように、あくまで２国間交渉をベースとして、多くのＲＣＥＰのメンバー国と早期にＦＴＡを締結することに成功していれば、たとえＲＣＥＰが結実したとしても、米国の経済的不利益は最小限に抑えられる。

しかし、多数の２国間協定の締結は、スパゲティ・ボウル現象を招き、それが取引コストの上昇を招きかねない。したがって、いずれは何らかの形で、アジアとの広域な経済連携協定を締結していくことが望ましい。米国が進めるであろう２国間協定の締結は、あくまでセカンド・ベストであって、ベストではないことに注視していく必要がある。

4．4　経済力、政治安全保障、国際関係における懸念事項

ＲＣＥＰとＦＴＡＡＰ、ＴＰＰ11は、あくまで当該地域の経済協力の促進と進化を目的とした制度構築の枠組みという位置付けではあるが、それらはれっきとした地域制度であることに変わりはない。地域制度は、参加国それぞれが自国の政治経済上の繁栄と安定に資するよう、機会の確保とリスクの回避の両面を考慮しながら、多種多様な対外行動を併用するという、ヘッジ戦略にも利用されることになる。[26]その意味で、地域経済制度も、経済分野は当然として、それ以外の政治安全保障上の影響や、域内に限らず域外の国際関係の変化の影響も受けることになる。

したがって、今後の東アジアやアジア太平洋の地域制度の変革に影響を及ぼしかねない、政治経済外交上の懸念事項も、考慮しておかなければならない。経済面においては、米国がようやくリーマンショックから立ち直り、経済の好調ぶりを見せ始めている一方で、中国ではバブル崩壊の影響もあってかつてのような勢いは衰え始めている。日本経済もアベノミクスによって低成長ではあるが比較的安定した経済運営が維持されてきており、現時点では、米国も日本も中国経済の台頭を過剰に怯えるような状況ではない。その意味で、経済的には日米中はバランスよく対抗していけるのではないかとみている。しかし、経済は生き物であることから、そうした均衡は一瞬で崩れてしまうことにも注意していく必要が

ある。さらに、日米中の経済力だけではなく、昨今成長著しいASEANやインドの経済がどこまで飛躍していくのかによって、本地域の経済上の力関係に大きな変化が生じてくる可能性も、考慮に入れておかなければならない。

政治安全保障面でいえば、ASEANの結束性や中国の政治基盤の変化、インドの軍事力の強化などが、今後注目していくべき要素である。特に、南シナ海における中国の海洋進出に対して、反発するASEANの一部の国々と米国が、今後、どのような対応をしてくるのかにも目を見張る必要がある。また、日本も独り立ちとは言えないまでも、これまでのような米国に頼りきりの防衛戦略からは脱却していく方向に舵を切っており、今後、どの程度軍事力を増強していくのかも注目していかなければならない。ASEAN、中国、インド、日本などが徐々に力をつけて、安全保障面での米国の圧倒的な優位性が、アジアにおいて相対的に低下してきた場合には、また、新たな地域制度の動きが見られるかもしれない。

国際関係の観点について言えば、すでに述べたようにASEANやインドなどを含むアジアへの米国の関与がどうなるかによっては、アジア域内の経済連携の進展に大きく影響してくると考えられる。それは当然、米中関係の動向とも無縁ではない。蔡英文台湾総統との関係を深める一方で、「一つの中国」の原則は尊重するという方針を表明したトランプ大統領の対中政策が、今後どのように展開されるのかは注視していく必要がある。依然として日本と中韓の関係は良くないが、最近はミサイル防衛システム

（ＴＨＡＡＤ）の韓国への配備の問題もあって中韓関係も悪化の一途を辿っていることから、日中韓３国のそれぞれの関係に亀裂が入っている状態となっている。このような３国間の関係悪化が地域経済連携の構築のどのように影響してくるのかも見ていくべきであろう。

トランプ政権下で進められるであろう移民排斥とＮＡＦＴＡ再交渉の問題では、カナダとメキシコは米国と対立する関係にあり、そこにオーストラリアも加わってくるとなると、場合によってはアジア太平洋地域での経済協力の進展に負の影響をもたらすことにもなりかねない。さらに、英国の離脱が決定的となったＥＵが、今後どのように展開していくのか、また、米国のＥＵとの関係がどうなっていくのかも興味深い。ＥＵが万が一、分断の方向へと逆流していった場合には、アジアや太平洋地域においても、統合へのモメンタムは希薄化されかねない。２０１３年から交渉が開始された米国とＥＵ間のＦＴＡともいえる、環大西洋貿易投資パートナーシップ（Transatlantic Trade and Investment Partnership、Ｔ―ＴＩＰ）に対する、トランプ新政権の取り組みの行方にも注目である。ＥＵからは厳しい批判がトランプ大統領に向けられており、今後の米ＥＵ関係はＴ―ＴＩＰにも影響してくることが予想される。もし、ＥＵとの関係がうまくいかなかった場合には、アジア重視に偏ってくる可能性はあり、それは、アジア太平洋地域での結束にプラスに働くであろう。

おわりに

上記のような政治経済外交上の変化が急激に起こらない限り、今後、しばらくはこれまでどおり、米国と中国の両方の様子を見ながら、アジア各国はＲＣＥＰとＦＴＡＡＰ、ＴＰＰ11の進展に向けて粛々と取り組んでいくであろう。理想的なシナリオとしては、ＴＰＰが蘇るにつれて、ＲＣＥＰが順調に進展し、さらにそれに呼応する形でＦＴＡＡＰの交渉も加速され、3つが同じような時期にできるだけ早期に結実することである。しかし、ＴＰＰの完全崩壊によって、ＲＣＥＰとＦＴＡＡＰの両方、或いは片方が停滞するような事態に直面した時には、場合によっては他の枠組みの構築を模索するという機会も訪れるかもしれない。その際には、また原点に返る形で、メンバー構成や内容が変化した形でのＴＰＰの再利用や、或いはＴＰＰに類するような全く新しい枠組みの創設など、あらゆる可能性が議論されることとなろう。いずれにしても、どのような形であれ、貿易投資の効率化と経済ルールの調和を基本とした、自由で公正な競争経済市場の設計という、ＴＰＰの理念はアジア太平洋地域においても、生き続けていく。それは、ＴＰＰという名称は使われなくとも、他の新しい枠組みの中で受け継がれて行くこともあるし、既存のＲＣＥＰやＦＴＡＡＰの中で継承されていくことも十分に考えられる。

ＴＰＰ崩壊の危機や英国のＥＵ離脱で、グローバル化の動きが逆流しかねない懸念を抱いている声も聞こえてくる。昨今顕著になりつつある保護主義や自国第一主義などの台頭は、今後の世界経済にはらむ大きなリスク要因として認識されており、すでに国家間のみならず国内社会においても分断や排斥をあおるような言動が惹起しつつある。しかし、そのスピードが緩められたり、その負の側面の見直しがなされることはあっても、その流れ自体が反転してしまうことはない。グローバル化の進展は、世界中に大きな富をもたらしことは事実であり、昨今問題とされているのは、その時流れから取り残された人々が多く存在していることだ。

完璧な制度などこの世に存在しないのと同様に、経済的合理性を追求した市場経済制度にもとづいたグローバル化にも、負の側面があるのは当然のことである。こうした負の側面に目をつぶり、正の側面ばかりを強調して、突っ走ってきたことに疑問が投げかけられているのが事の本質であり、グローバル化そのものが全否定されているわけではない。昨今の一部の国や地域で見受けられる一見反グローバリズム的な様相は、実はこうしたこれまでのグローバル経済制度や資本主義経済システムからは置き去りにされた人たちの、切実な声の結晶として表面化した現象であると考えられる。これまでの既存の政治家たちは、こうした置き去りにされてきた人々への対処を十分に行ってきておらず、単に既成制度の継続と深化にのみ注目してきたことに対する警鐘が、英国や米国において投票という民主主義に基づく制度によって鳴らされたのである。

特に、これからの世界を担いゆく若者たちは、決して、自国第一主義や反グローバル主義に陥っているわけではなく、英国のEU離脱にしても、米国の大統領選挙にしても、若年層が積極的に支持した結果ではないことが、投票行動からも明らかになっている。したがって、今後は、このようなグローバル化の負の側面をどう克服していくのかに焦点を当てて、それが極端な排斥主義や保護主義に陥らないよう、丁寧な議論を進めていくことが重要である。

ここまで急速に進展してきたグローバル化を補修していく作業は、国際社会にとっては初めての試みであり、それは決して簡単な作業ではない。様々な制度やステークホルダーが複雑に絡み合っている中で、その解を見つけ出すのは至難の業というほかない。しかし、冒頭で触れたように、アジア太平洋には多くの異なる人種、民族、宗教、文化、価値観が混在しており、それらをベースに多種多様な政治、経済、社会上の制度がある。こうした多様性は、複雑で難しい問題を惹起させるという負の側面を有する一方で、逆にそれらがうまく融合、調和した場合には、新たな価値創造を生み出す土壌を育み、これまでに前例のない課題への対処や、未知の難問への取り組みにおいて、大きな力を発揮することに貢献する。

本地域特有の多様性を、こうした正の方向へと転換していく知恵と行動こそ、いま求められている喫緊の課題といって良い。アジア太平洋地域で重層的に現存している、ＡＳＥＡＮを中心としたＡＳＥＡＮ+6の枠組みや、米国やロシアなどの超大国を含んだ環太平洋を広くカバーしたＡＰＥＣという政府間組織は、あらゆる問題や課題について、膝詰めで協議、議論する場を提供する手段として、今後も有効的に機能させていかなければならない。こうした対話や交流の場を通してのみ、多様性は調和、融合へと向かうからである。アジア太平洋地域が、こうした既存の枠組みを今後もうまく活用しながら、自らの視点でグローバル化の難問に挑み解決し、包摂的な地域経済協力を構築、深化させていくことに、大いに期待したい。[27]

参考文献

石川幸一（２０１５）、「第14章　ＲＣＥＰの新たな課題」、『アジアの開発と地域統合』　日本評論社。

伊藤憲一・田中明彦監修（２００５）、『東アジア共同体と日本の針路』ＮＨＫ出版。

馬田啓一（２０１５）、「第15章　ＦＴＡＡＰへの道　ＡＰＥＣの課題」、『アジアの開発と地域統合』日本評論社。

浦田秀次郎・日本経済研究センター編（２００２）、『日本のＦＴＡ戦略』日本経済新聞社。

大来佐武郎（１９９１）、「環太平洋の新時代」、慶應義塾大学地域研究センター編『アジア・太平洋経済圏の新時代―構想・課題・挑戦―』慶應通信。

大矢根聡（２０１１）、「第３章　アジア太平洋におけるＦＴＡの動態―パターンと要因、展望―」、『アジア太平洋地域における各種統合の長期的な展望と日本の外交』日本国際問題研究所。

荻原宜之（１９９０）、『ＡＳＥＡＮ〔増補版〕』有斐閣。

菊池努（２０１１）、「第９章　アジア太平洋の中の北東アジア：北東アジアの地域制度とその展望」、『アジア太平洋地域における各種統合の長期的な展望と日本の外交』日本国際問題研究所。

小島清（１９９１）、「太平洋経済圏構想の生成」、慶應義塾大学地域研究センター編『アジア・太平洋経済圏の新時代―構想・課題・挑戦―』慶應通信。

小島清編著（２００１）、『太平洋経済圏の生成　第３集』文眞堂。

椎野幸平・水野亮（２０１０）、『ＦＴＡ新時代　アジアを核に広がるネットワーク』　ジェトロ。
白石隆（２０１６）、「ＡＳＥＡＮ共同体と東南アジア」、コラム　２０１６年４月16日　新　学術領域研究（研究領域提案型）科学研究費「新興国の政治と経済の相　互作用パターンの解明」、http://www3.grips.ac.jp/~esp/
高村忠成（１９８４）、「アジア・太平洋地域協力構想と日本の立場」『環太平洋諸国における安全保障問題と日本の課題』、創大平和研究、第６号。
田中明彦（２０１０）、「第15章　日本外交におけるアジア太平洋」、渡邉昭夫編『アジア太平洋と新しい地域主義の展開』
通商産業省通商政策局経済協力部地域協力課編（１９９７）、『行動するＡＰＥＣ２０２０年への道のり』通商産業調査会出版部
寺田貴（２０１３）、「第４章　錯綜するアジア太平洋地域統合と日本」、『地域統合 の現在と未来』日本国際問題研究所。
畑佐伸英（２０１０）、「Inclusive Growth」、用語解説、日本国際問題研究所、
http://www.jiia.or.jp/keyword/201006/21-Hatasa_Nobuhide.html.
深沢淳一（２０１４）、「第Ⅰ部第６章　ＴＰＰ、ＲＣＥＰ交渉が始動、東アジア大統合時代に」、深沢淳一・助川成也『ＡＳＥＡＮ大市場統合と日本』文眞堂。
みずほ総合研究所（２００６）、「突如浮上したアジア太平洋ＦＴＡ（ＦＴＡＡＰ）構想―進展する東アジア経済統合への米国の関与―」、『みずほ政策インサイト』２００６年12月８日。
山影進（１９９１）、『ＡＳＥＡＮ：シンボルからシステムへ』東京大学出版会。
山影進（１９９７）、『ＡＳＥＡＮパワー：アジア太平洋の中核へ』東京大学出版会。
山本吉宣（２０１１）、「第６章　アジア太平洋の安全保障アーキテクチャー：２０３０年へのシナリオ」、『アジア太平洋

地域における各種統合の長期的な展望と日本の外交』日本国際問題研究所。

楊健（２０１０）、「第11章　中国の競争的ＦＴＡ戦略：自由主義の基盤の上の現実主義」、『アジア太平洋のＦＴＡ戦略』勁草書房。

渡邊頼純（２０１５）、「第１章　ＷＴＯ体制とメガＦＴＡ―アジア太平洋地域の市場統合と多国間貿易体制―」、『メガＦＴＡ時代の新通商戦略　現状と課題』文眞堂。

Baldwin, Richard (1993), “A Domino Theory of Regionalism,” *NBER Working Paper Series*, No. 4465.

Bhagwati, Jagdish (1995), “US Trade Policy: The Infatuation with FTAs,” *Columbia University Discussion Paper Series*, No. 726.

Hamanaka, Shintaro (2012), “Evolutionary Paths toward a Region-Wide Economic Agreement in Asia,” *Journal of Asian Economics*, Vol. 23, pp. 383-394.

Hatasa, Nobuhide (2016), “Inclusive Growth and Social Security,” *Towards a More Resilient Society: Lessons from Economic Crises*, Report of the Social Resilience Project 2014-15, pp. 1-17, JANCPEC and JIIA, http://www2.jiia.or.jp/pecc/2014/SRpdf/SR_Report_2014-15.pdf.

International Monetary Fund (IMF) (2016), *World Economic Outlook Database*, October 2016, http://www.imf.org/external/pubs/ft/weo/2016/02/ weodata/download.aspx

Kawai, Masahiro, and Wignaraja, Ganeshan (2011), “Asian FTAs: Trends, Prospects and Challenges,” *Journal of Asian Economics*, Vol. 22, pp. 1-22.

Oba, Mie (2016), “TPP, RCEP, and FTAAP: Multilayered Regional Economic Integration and International Relations,” *Asia-Pacific Review*, Vol. 23, No. 1, pp. 100-114.

Revenhill, John (2010), “The ‘New East Asian Regionalism’: A Political Domino Effect,” *Review of International Political Economy*, Vol. 17, Issue 2, pp. 178-208.

United Nations (UN) (2015), *Transforming our World: the 2030 Agenda for Sustainable Development*, A/RES/70/1 (Resolution adopted by the General Assembly on 25 September 2015), https://sustainable development.un.org/post2015/transformingourworld/publication.

Vogel, Ezra F. (1979), *Japan as Number One: Lessons for America*, Harvard University Press.

6 山影（１９９１：２９９-３００）は、「ＡＳＥＡＮは、何かをするための協力機構ではなく、地域の平和、ＡＳＥＡＮ諸国どうしの安全保障を追求するためのシンボルだった」と考察している。

7 白石（２０１６）は、コラムにおいて、「安全保障共同体構築については南シナ海における行動規範策定以上の合意形成は難しい。社会文化共同体についてもリップ・サービス以上の関心と資源投入は期待できない。一方、ＡＳＥＡＮ経済共同体（ＡＥＣ）については実質的進展が見られる。」と述べ、現時点において、経済以外の共同体の具体的な成果については懐疑的である。

8 アジア太平洋地域での経済協力の進展の歴史的な経緯については、小島（２００１）や小島（１９９１）を参照。

9 三木は１９６７年に、第２回東南アジア開発閣僚会議でのステートメントや、「アジア・太平洋外交と日本の経済協力」と題する経済同友会での講演の中で、アジアと太平洋先進諸国との協力関係の構築を日本が推進していくべきであると述べている。

10 第１回ＰＥＣＣ総会である１９８０年の「環太平洋共同体セミナー」に参加したメンバーは、日本、オーストラリア、ニュージーランド、米国、カナダ、韓国、インドネシア，シンガポール，タイ，フィリピン，マレーシアの11か国と太平洋島嶼諸国（パプアニューギニア、フィジー、トンガ）の代表である。また、アジア開発銀行やＰＡＦＴＡＤ、ＰＢＥＣの代表も参加した。

その後、ブルネイ、ベトナム、中国、香港（Hong Kong, China）、台湾（Chinese Taipei）、モンゴル、メキシコ、チリ、ペルー、コロンビア、エクアドルの11の国・地域も加わり、太平洋島嶼諸国は太平洋諸島フォーラム（PIF, Pacific Islands Forum）という組織で参加しており、全部で23加盟国・地域が現在の正式なメンバーとなっている。また、ＰＡＦＴＡＤとＰＢＥＣは組織として加盟しており、フランス（Pacific Territories）は準加盟国・地域という扱いになっている。

11 発足当初は、日本、オーストラリア、ニュージーランド、米国、カナダ、韓国とASEAN6ヶ国（インドネシア，シンガポール，タイ，フィリピン，ブルネイ，マレーシア）の、計12の国でスタートし、その後、１９９１年に中国、香港（Hong Kong, China）、台湾（Chinese Taipei）、１９９３年にメキシコとパプアニューギニア、１９９４年にチリ、１９９８年11月にはロシア、ベトナム、ペルーの３国が加入し、現在の21のメンバーとなった。１９９３年に米国シアトルで開催された第５回閣僚会議の直後には、当時のクリントン米大統領の提案によって、ＡＰＥＣ首脳会議（APEC Economic Leaders' Meeting）も初めて行われ、それ以降、首脳会議は定例化されている。

12 高村（１９８４：77-78）は、１９７５年にフォード米国大統領が示した、「新太平洋ドクトリン」に注目し、その中で、米国のアジア・太平洋地域へのコミットメントの維持と継続が示されたことで、大平正芳首相の「環太平洋連帯構想」に、自信を与えたのではないかと述べている。

13 しかしながら、新たな政府間組織設立についての各国の主要な思惑については、日豪間で異なる部分もいくつか存在していた（山影、１９９７：２２８-２３２）。日本は同盟国として当然、米国をメンバーとして加えつつも、米国の一方的な保護主義や経済圧力を警戒して、多国間の枠組みにあえて米国を引き込むことで、その影響力を少しでも和らげた形で、交渉の場をならしていきたいというのが、一つの意図としてあった。一方で、オーストラリアは、欧州や北米の市場統合に対抗する形での協力に力点を置いており、それゆえに当初は米国やカナダの参加は想定していなかった。

14 詳細については、山影（１９９７：２３２-２４３）を参照。

15 楊（２０１０：２８３）は、中国のＥＡＦＴＡへの関心は多元的に及んでおり、自国の経済安全保障の強化だけでなく、超大国の米国に代わって域内の影響力を高めることも重要な要素であるとしている。

16 １９９４年、インドネシアのボゴールで開催された第６回ＡＰＥＣ首脳会議において採択された、「ＡＰＥＣ経済首脳の共通の宣言」（ボゴール宣言）で掲げられた目標で、先進国地域は２０１０年までに、途上国地域は２０２０年までに、貿易や投資の自由化を達成させようというもの。

17 Bhagwati（１９９５）を参照。

18 その他、韓国や、台湾、タイ、フィリピン、インドネシアなどもＴＰＰの参加に前向きであった。

19 ＴＰＰは、ＡＳＥＡＮや東アジアを分断させるものであるとの認識が、中国などでは根強い（渡邊、２０１５：18）。

[20] ＴＰＰ協定の第３０・５条を参照。

[21] ＧＤＰは、International Monetary Fund （ＩＭＦ）が公表する、２０１３年の名目値（米国ドル換算）を用いることが規定されていることから、World Economic Outlook Database（ＩＭＦ，２０１６）のデータをもとに、各国のＧＤＰシェアを算出した。ちなみに、日本のＧＤＰは12カ国全体の17・7％を占めており、日本抜きのＴＰＰの発効も現協定下においては想定されていない。

[22] Baldwin（１９９３）やRevenhill（２０１０）を参照。

[23] ＡＳＥＡＮは既に、ＡＳＥＡＮ+1（日本、中国、韓国、インド）またはＡＳＥＡＮ+2（オーストラリアとニュージーランド）をＲＣＥＰの他の6か国との間で成立させており、リーダーシップを担うＡＳＥＡＮ自体も、ＲＣＥＰの締結を急がなければならない差し迫ったリスクに直面しているわけではない。むしろＡＳＥＡＮにとっては、これらを束ねたＲＣＥＰを構築するよりも、既存のＡＳＥＡＮ+αを利用したほうが、交渉において優位な立場に立てるとの見解もある(Hamanaka, ２０１２：３９０)。

[24] Kawai（２０１１）は、東アジアで地域経済連携協定がまとまったうえで、さらに広域なＦＴＡＡＰへと進んでいくという、段階を経て徐々に拡大していくというプロセスが、最も現実的であるとしている。

[25] アジア太平洋主義と東アジア主義については、山本（２０１１：１１６-１１７）を参照。

[26] 地域制度に関するヘッジ戦略の詳細については、菊池（２０１１）を参照。

[27] 「包摂的（Inclusive）」とは、21世紀初めごろから、成長戦略の一環として主張されるようになってきたInclusive Growthから派生した言葉である。Inclusive Growthについては、畑佐（２０１０）やHatasa（２０１６）を参照。なお、２０１５年に国連で採択された「持続可能な開発目標（ＳＤＧｓ）」では、「誰も置き去りにしない（no one will be left behind.）」という基本理念のもと、包摂的な社会（Inclusive Societies）の構築に向けて様々な取り組みを推進することを謳っている（ＵＮ，２０１５）。近年、包摂性（Inclusiveness）という言葉は、その重要性の高まりと相まって、社会経済目標や開発理念を考察する文脈において、国際社会の間では頻繁に用いられている。

第三章　日中韓三カ国間の経済連携の可能性

韓　葵花

はじめに

２０００年代に入り世界経済は発展途上国を中心に、著しい経済成長を遂げた。それに伴い世界の貿易量も増え、貿易の自由化を推進する動きが活発になった。１９９５年１月に発足された世界貿易機構（ＷＴＯ）は「最恵国待遇」と「内国民待遇」を基本原則としているが、ＷＴＯの多角的な貿易体制ですべての加盟国の適用するルールをつくるのは諸課題があり、経済連携協定（ＥＰＡ）や自由貿易協定（ＦＴＡ）、環太平洋パートナシップ（ＴＰＰ）などの経済統合が推進されてきた。

ところが、２０１６年から世界では先進国を中心として自由貿易に反対し、保護貿易政策を唱える風潮が強まっている。例えば、イギリスでは２０１６年６月23日にＥＵ離脱の是非を問う国民投票が実施され、ＥＵ離脱が決まった。その後の２０１６年７月13日に発足されたメイ内閣は、２０１７年３月に欧州理事会に離脱通告を提出した。ＥＵの離脱はイギリスのみならずイタリアやフランスでも支持者が多く、２０１７年４月現在行われている大統領選ではＥＵ離脱を掲げる人が候補者の一人で、注目されている。また米国では２０１７年１月20日に発足されたトランプ政権によりＴＰＰ離脱が決まった。世界中で貿易の自由化より保護貿易主義の色が濃くなる現在、日本・中国・韓国において三カ国間の経済連携協定の実現可能性について検討したい。本稿の第１節では経済統合の形についてまとめ、日中韓三カ国における経済連携について観察し、問題点をとりあげる。第２節では日中韓ＦＴＡの必要性について考察する。第３節では、日中韓ＦＴＡの可能性について総括的に論じる。

１．経済統合と日中韓三カ国の経済連携の現状

日本、中国、韓国三カ国は２０１２年５月に署名された「投資の促進、円滑化及び保護に関する日本国政府、大韓民国政府及び中華人民共和国政府の間の協定（略称は「日中韓投資協定」、２０１４年５月に発効）」をはじめとし、日中韓自由貿易協定（ＦＴＡ）の交渉を開始した。日中韓ＦＴＡ交渉は２０１３年３月に第１回目の会合が韓国のソウルで開催し、２０１７年４月に東京で第12回目の会合が開催された。日本側の首席代表は片上慶一外務審議官、中国側の首席代表は王受文商務部副部長、韓国側の首席代表は李相珍産業通商資源部通商交渉室長であった[28]。

グローバリゼーションによって財やサービス、資本、労働の移動がしやすくなり、国と国の間は経済関係からはじめて相互依存が緊密になった。経済統合は地域における関税の撤廃あるいは引き下げ、資

本や労働の自由化により、地域の市場の経済一体化を進めることを指す。経済統合には自由貿易協定（ＦＴＡ）、経済連携協定（ＥＰＡ）、ＡＳＥＡＮ自由貿易協定（ＡＦＴＡ）、北米自由貿易協定（ＮＡＦＴＡ）、環太平洋パートナーシップ協定（ＴＰＰ）、欧州連合（ＥＵ）など、その統合のレベルとメンバーで様々な形がある。また、現在交渉中である東アジア地域包括的経済連携（ＲＣＥＰ）と日中韓ＦＴＡも経済統合の一つである。そのなかで、ＥＵは経済のみならず、政治や軍事などの分野でも統合を目的としていた。ＥＵは２０１７年現在28カ国の加盟国があり、世界中で地域経済統合のモデルであった。ところが、上述しているようにＥＵからのイギリスの離脱は決まり、そのモデルが今分裂の危機に揺れている。

自由貿易協定（Free Trade Agreement，ＦＴＡ）は、「特定の国や地域の間で、物品の関税やサービス貿易の障壁等を削減・撤廃することを目的」とした協定である。一方で、経済連携協定（Economic Partnership Agreement，ＥＰＡ）は、「貿易の自由化に加え、投資、人の移動、知的財産の保護や競争政策におけるルール作り、様々な分野での協力の要素等を含む、幅広い経済関係の強化を目的」とした協定である。

２０１７年４月現在、日本は表１のように16の地域とＥＰＡを締結し、ＴＰＰ以外はすべて発効している[29]。２０１６年２月４日に署名されたＴＰＰは米国の主導で高い水準の自由化を目標とし、世界経済の４割を占める巨大経済圏を目指し、参加国の12カ国がその発効を待つ最中であった。ところが、

表 1　　2016 年日中韓における EPA・FTA の現状

国　名	署名、発効数	FTA 比例（2015年）	交　渉　中
日　本	16	39.5%	日中韓 FTA、EU 、RCEP など
中　国	14	38.0%	RCEP、GCC、日中韓 FTA など
韓　国	15	67.4%	日中韓 FTA、RCEP、GCC、など

注：1) 外務省 HP 報道資料「我が国の経済連携の取組」により作成。
http://www.mofa.go.jp/mofaj/files/000037892.pdf 交渉中の内容は日本の外務省、中国の商務部、韓国の産業通商資源部の HP 報道資料により作成、順番は各国の報道資料の順番通りに引用した。2) 韓国中米ＦＴＡは２０１７年３月１０日に仮署名を行った。

上述したように米国のトランプ大統領は、政権が発足した三日後にＴＰＰから永久に離脱すると発表した。ＴＰＰは、米国が２００８年に交渉に参加することで交渉国が増え、日本は２０１３年７月に12番目の交渉参加国となった。外務省の資料によると、ＴＰＰ参加国のなかで、２０１４年の世界経済の22・５％を米国が、６％を日本が、２・３％をカナダが、１・９％をオーストラリアが、その他の８カ国が３・６％を占め、ＴＰＰ参加国合計で36・３％になるという[30]。ＴＰＰ参加国における米国の割合は62％となり、米国のＴＰＰ離脱は他の参加国に大きな影響を与えることが予測される。２０１７年４月20日の読売オンラインは「ＴＰＰ、米抜き11か国で日本主導・・・政府方針」というタイトルで、日本政府がＴＰＰについて米抜きの11カ国で発効を目指していると報道した。11ヵ国でＴＰＰを発効することは幸いなことであるが、当初目指した世界経済の４割を占める巨大経済圏は実現不可能となった。また、日本政府は２０１８年までにＦＴＡ比率70％を目標としているが、アメリカのＴＰＰ離脱は政府の成長戦略にも影響を及ぼす可能性がある。

それでは、日中韓におけるＥＰＡ・ＦＴＡの現状についてみる。表1をみるとＥＰＡ／ＦＴＡの署名、発効数において、日中韓三カ国は数の上ではそれほどの差がないが、ＦＴＡカバー率では大きな差がある。そのなかで韓国は６７・４％で日本と中国と比べ大きな差を見せるが、国内市場が比較的に小さい韓国では輸出に依存する割合が大きく、韓国政府が「ＦＴＡ強国」を目指し活発なＦＴＡの締結を目指した結果である。

韓国のＦＴＡカバー率が大きいのは、中韓ＦＴＡの発効の大きな要因になっている。韓国の貿易における中国の割合は２０％以上（表３）で、上の韓国ＦＴＡカバー率６７・４％の３割を占めている。日本のＦＴＡカバー率３９・５％にはＴＰＰの参加国のも含まれているので、仮に１１ヵ国でＴＰＰを発効したら米国の離脱で１５・１２％が減少するので、２４・４％になる可能性が高い。しかし、表2をみると、今現在交渉中である日中韓ＦＴＡが成功すれば、ＦＴＡカバー率は２６・７６％が増加することとなり、１１ヵ国でＴＰＰが発効されても５１・１６％となる。そのうえ、今交渉中のものが全部成功すると４５・４７％の増加となり、米国抜きでも日本のＦＴＡカバー率は６９・８７％となり、日本政府の７０％の目標をクリアできる可能性がある。中国政府は自由貿易の拡大を目指して「一帯一路」、「伙伴関係」戦略を打ち出し、世界規模で経済連携の強化をしている。ゆえに日中韓ＦＴＡが締結すれば、中国のＦＴＡカバー率は１０％以上の増加となり、５０％ぐらいになる。これは中国政府の目標を達成するうえで、重要な一因

表２　2016 年日本の貿易額における EPA 発効/署名の国と交渉中の国の割合

EPA 発効/署名の国	FTA 比例(%)		EPA/FTA 交渉中の国	FTA 比例(%)
ASEAN 諸国	15.15	1	中国	21.20**
メキシコ	1.20	2	韓国	5.56**
チリ	0.60	3	コロンビア	0.15
スイス	0.79	4	EU	10.78
ベル―	0.16	5	GCC	7.56
インド	1.02	6	トルコ	0.22
豪州	3.74	7		
モンゴル	0.02	8		
ニュージーランド*	0.35	9		
カナダ*	1.33	10		
米国*	15.12*	11		
合　計	**39.48**		**合　計**	**45.47**

注：１）外務省 HP「我が国の経済連携の取組」より作成。
http://www.mofa.go.jp/mofaj/files/000037892.pdf
２）EPA 発効/署名の国の中で、ニュージーランド、カナダ、米国は TPP 参加国で、署名のみの国である

になると思う。

ＦＴＡカバー率が大きい韓国においても、比較的に小さい日本と中国においても経済連携について積極的な戦略をとっている現状と要員は同様のことであると言える。

２．日中韓ＦＴＡの必要性

まずは、日中韓の世界経済における割合は大きい。ゆえに日中韓ＦＴＡはＴＰＰほどではないが、巨大経済圏になる可能性は大きい。また、日中韓の間では貿易額が大きく、お互いに主要貿易相手国になっている。表２から日本の貿易額における中国と韓国の割合は２１・２％と５・５６％で、それぞれ１位と３位になり、中国と韓国は日本の主要な貿易相手国であることがわかる。ここ十年間、中国は米国と上

表3　　日中韓三カ国の貿易における他の2カ国の割合

国　名	輸出額における割合	輸入額における割合
日　本	中国：17.5%、2位 韓国：7.0%、3位	中国：24.8%、1位 韓国：4.1%、4位
中　国	日本：7.5%、3位 韓国：6.8%、4位	日本：6.2%、3位 韓国：4.4%、4位
韓　国	中国：25.1%、1位 日本：4.92%、5位	中国：21.4%、1位 日本：11.69%、2位

注：1）日本は財務省 2015 年貿易統計により作成。2）中国は海関信息網 2016年1月～9月の貿易統計により作成。3）韓国は貿易統計システム（K-stat）2016 年貿易統計により作成。4）上位順位は地域ではなく、国の上位順で表している。

位１位を争っており、韓国は引き続き上位３位の貿易相手国になっている。ゆえに日中韓３カ国は経済の面で非常に強力な関係性があるといえる。また、表３で日中韓の貿易における他の二カ国の位置を確認してみると、日中韓三カ国においてお互いに４位以上の主要貿易相手国であり、二カ国の合計をすると、さらに強力な貿易相手国であることがお互いに確認できる。

次に、日中韓の間では地域のバリューチェーンの構造になっているが、日中韓ＦＴＡが締結すれば貿易障壁が低くなるので貿易創出効果はもちろん、市場拡大による規模の経済が働きコストの削減が可能になり、貿易転換効果も期待される。

さらに、中国と韓国との間では、２０１５年６月に中韓ＦＴＡが締結され、同年の１２月２０日に発効された。中韓ＦＴＡの締結は中国と韓国において貿易創出効果、貿易転換効果、交易条件効果などの静態的効果と市場拡大効果、競争促進効果などの動態的効果をもたらすことが予測できる[31]。どの効果も日本の貿易にマイナス効果を予測できるが、特に両国での貿易転換効果は、日本にとって既存の貿易が減少するという既得権利を損なわれる恐れがある。

ここで中韓の貿易における主な貿易品目の輸入に際して適用されるＷＴＯ関税率と中韓ＦＴＡにおける関税率を比較する。表４と表５の中で、ＷＴＯ関税率は２０１２年１月１日に発効している最恵国関税率を指している。「Ｅ」は基準関税を維持することを指す。「10」は協定の発効日をはじめとして、10段階にわたって毎年均等に撤廃され、移行して10年目の１月１日から無関税が適用されることを指している。韓国の譲許表をみると、農産物であるしいたけに対する関税はもともと高いものであるが、中韓ＦＴＡの関税率でも保護されていることがわかる。逆に、工業製品である「半導体の製造用部品」に対しては９個のうち直ちに関税ゼロになるものは７個もあり、工業製品については寛容であることがわかる。ところが、中国の譲許表をみると、「部分品」あるいは「部分品と付属品」などの工業製品の方が保護されていることがわかる。とはいえ、段階的に関税が引き下げられている。

表４　中韓 FTA における韓国の譲許表

HSK2012	品目名	WTO 関税率（MFN2012）	中韓 FTA	ページ
0709592000	しいたけ	40%、あるいは 1,625 ウェン/kg、両者中高額（率）	E	17-34
0712391010	しいたけ	40%、あるいは 1,626 ウェン/kg、両者中高額（率）	E	17-36
2003901000	しいたけ	20	E	17-67
2807001010	半導体製造用部品	5.5	10	17-92
2808001010	半導体製造用部品	5.5	0	17-92
2809201010	半導体製造用部品	5.5	0	17-92
2811111000	半導体製造用部品	5.5	5	17-92
2843211000	半導体製造用部品	5.5	0	17-101
2843291000	半導体製造用部品	5.5	0	17-101
3701301000	半導体製造用部品	6.5	0	17-154
3701911000	半導体製造用部品	6.5	0	17-154
3701991000	半導体製造用部品	3	0	17-154

注：中韓 FTA 協定文により作成。

表５　中韓 FTA における中国の譲許表

HSK2012	品目名	WTO 関税率（MFN2012）	中韓 FTA	頁
O7123910	しいたけ	13	10	18-25
85309000	部分品	8	10	18-259
85399000	部分品	8	E	18-261
87099000	部分品	8.4	10	18-273
87169000	部分品	10	10	18-274
90039000	部分品	10	10	18-277
90181390	部分品	4	15	18-280
90249000	部分品と付属品	6	E	18-282
90259000	部分品と付属品	8	5	18-282
90299000	部分品と付属品	6	E	18-284
90309000	部分品と付属品	7	10	18-284
90329000	部分品と付属品	5	15	18-285
91119000	部品	14	10	18-287
91129000	部品	12	10	18-287
96139000	部品	25	20	18-294

注：中韓 FTA の協定文により作成。

3．日中韓自由貿易協定（ＦＴＡ）の交渉会合と日中韓の「異床同夢」

日中韓自由貿易協定（ＦＴＡ）の交渉会合は、２０１３年３月28日の第１回目の開催から２０１７年１月９日には第11回目の交渉会合を迎えた。第５回目の会合からは「局長／局次長会合」と「首席代表会合」がそれぞれに開催されることになった。三カ国の交渉会合は２０１３年に３回、２０１４年に３回、２０１５年に３回（首席代表会合３回、局長／局次長会合３回）、２０１６年に１回（首席代表会合２回、局長／局次長会合は１回）、２０１７年１月現在で１回開催されている。

中韓ＦＴＡが締結し発効された２０１５年前後は、その影響であろうか、２０１４年11月24日から２０１６年６月27日の約19か月間に、第６回目から第10回目までの計５回もの交渉会合が開催されている。その上、それまでとは違い、「局長／局次長会合」と「首席代表会合」に分かれて、それぞれ５回ずつ、計10回の会合が開かれた。平均すると２か月に一回、「局長／局次長会合」か「首席代表会合」が開かれたこととなる。

ところが、その後の第11回目の交渉会合は、その前の「首席代表会合」からは半年以上の間を経て、また「局長／局次長会合」からは９か月ほどの期間を経て、２０１７年１月９日に行われた。その上、「局長／局次長会合」と「首席代表会合」が一緒になった会合であった。

中国商務部は、「ＦＴＡ戦略の実施を加速し、開放型経済新体制を構築する（加快实施自由贸易区战

略　构建开放型经济新体制）」というタイトルの記事をホームページ上に掲載し、中日韓がＧＤＰと対外貿易額ともに合計額で世界の20％以上を占めている点を指摘している。また中日韓ＦＴＡの締結は三カ国の産業の相互補完性を十分に発揮できる手助けになり、三カ国の貿易投資水準の潜在力を昇格し、地域のバリューチェーンの更なる統合を促進する点に言及している。２０１５年11月の中日韓首脳会議では共同宣言の中で、三カ国のＦＴＡ交渉を加速することに一層努力し、最終的には全面的・高水準の互恵的協定を締結することを再確認したと発表した。このように、中国政府は経済面に限って言えば、基本的には三カ国の自由貿易協定に前向きであるといえよう。

一方、韓国の産業通商資源部は、第11回韓中日ＦＴＡ公式交渉（韓国語の表現）が２０１６年10月29日の韓中日経済貿易大臣会合であり、三カ国ＦＴＡの交渉加速化に向けて更なる努力をすることについて再確認をした後に開かれた最初の交渉会合であること、２０１３年3月の第1回目の交渉会合から10回の公式交渉が行われたが、核心論点に関する三カ国間の意見の対立により、その間の論議進行が遅い側面があったと指摘している。また、世界的に保護貿易主義が拡散している状況において、韓中日ＦＴＡは東アジアの経済大国である三カ国間の貿易・投資を拡大し、自由貿易基調をしっかり維持していくことに意義があると主張している。

そして日本の外務省は、日中韓ＦＴＡに関して、「包括的且つ高いレベルのＦＴＡとなることを目指すべき」と提言し、日中韓ＦＴＡは日本にとって主要な輸出品の関税引き下げが期待されると指摘している（平成24年11月外務省リリースの資料「日中韓FTA交渉」より）。また、中国と韓国は日本の主要な貿易相手国であり、アジア太平洋地域における中国と韓国との経済的な連携のための枠組み作りは、日本が「経済成長を維持・増進していくためにも不可欠」であるとの認識である。

日中韓自由貿易協定（FTA）の交渉会合は4年間経過したが、その進展はとても遅い。中国と韓国の政府戦略を見ると、中国は「一帯一路」戦略で積極的な自由貿易を提唱し、韓国は「FTA強国」を目指しているので、日本の「2018年までのFTAカバー率70％」の目標と、おおむね同じことがうかがえる。たとえ2016年から世界で先進国を中心に保護貿易政策を唱えるとはいえ、世界経済の2割を占めるうえ、世界貿易の2割を上回る日中韓では地域のバリューチェーンも盛んでおり、貿易創出効果や、貿易転換効果がさらに期待できるので、各国の目標を達成するためにも日中韓FTAの実現が早くなることが予測できる。

つまるところ、日中韓の三カ国は、経済的なメリットに関しては「同床異夢」ならぬ「異床同夢」を見ているようである。政治面および地政学的な関係性が経済的な関係性の構築の妨げになっている点は常に指摘され、また妥当するが、経済連携という「同じ夢」を、ノーベル経済学賞を受賞したトーマス・シェリングの提唱した「フォーカルポイント（合焦点）」、すなわち「他国が、ある国がこうするであろうと期待しているであろうと期待する各国の期待値の焦点」として捉え、交渉会合という情報の交流が仮に断絶しかかった際にも、経済的なメリットという合焦点をもとに日中韓三カ国の経済連携が実現し、さらには経済関係の好転が政治社会面の日中韓の関係性にプラスのスピルオーバー効果をもたらすことを期待したい。

28　外務省ＨＰ、平成29年4月13日報道発表により。http://www.mofa.go.jp/mofaj/press/release/press4_004507.html

29　外務省ＨＰ、経済外交資料「経済連携協定（ＥＰＣ）/自由貿易協定（ＦＴＡ）」より。http://www.mofa.go.jp/mofaj/files/000037892.pdf

30　外務省ＨＰ、経済外交資料「環太平洋パートナシップ（ＴＰＰ）協定」より http://www.mofa.go.jp/mofaj/files/000022863.pdf

31　阿部清司・石戸光（２００８）、『相互依存のグローバル経済学』、明石書店、92頁。

第四章　模倣品問題をめぐるグローバル関係と新しいアプローチの検討

渥美利弘

はじめに

模倣品は古くて新しい問題であるが、その今日的課題は国際貿易の発達やインターネットの普及による模倣品問題の国際化である。近年活発化した各種自由貿易協定の拡大は、模倣品の流通を増加させることも予想されよう。世界規模での模倣品問題の全貌は、第一節で紹介するように、日米欧当局や国際機関の調査・集計により徐々に明らかになりつつある。

経済産業省（２０１６）に倣えば、模倣品・海賊版による知的財産権侵害の問題点は、⑴本来権利者が得るべき利益が奪われること、⑵企業が長年の信頼と努力によって培ったブランドイメージが悪化すること、⑶イノベーションと知的財産の創造意欲が減退してしまうこと、及び⑷消費者の健康や安全を脅かすことにある。

しかしこの問題が難しいのは、１００％悪とは言い切れないところにある。例えば Raustiala and

Sprigman（２０１２）のように、模倣からイノベーションが始まるとの主張もあり、また第二節で示すが経済理論もある種の模倣品については幾分「寛容」な姿勢をみせている。加えて第三節で述べるように先進諸国と新興国・発展途上国の取り組み姿勢には大きな隔たりがある。先進国政府はブランドを有する企業を代弁して世界的な取締まりを企図するが、新興国・途上国政府には、それほどこの問題に取り組むインセンティブがないのである。

本章の狙いは、こうした状況の下で今後のグローバルな取り組み方向について検討を加えることであり、その構成は次のとおりである。第一節にて模倣品の実態を概観し、第二節で模倣品に関する経済分析のサーベイを行う。第三節で国際的な取り組み動向を踏まえた課題を提示し、第四節で模倣品問題への今後のグローバル・アプローチを検討する。

第１節　国際化する模倣品問題の状況

日本では財務省が税関業務で検出された模倣品の情報を公表している。財務省（２０１５）によれば、年間輸入差止２９，２７４件中、２６，６７０件（91・１％）が中国、次いで香港が１２２７件（４・２％）と中国発のものが圧倒的である。また差止の点数でも６８９，６２１点中、中国が５２７，５０

7点（76・5％）と最大で、次いで韓国が87，260点（12・7％）であった。侵害された知的財産別には、件数では商標権が圧倒的に多く98・6％、次いで著作権が1・1％であり、点数別でも同様の傾向にある。品目別では、件数でみてバッグ類が最大で、35・2％、次いで衣類（14・2％）、靴（11・9％）、携帯電話及び付属品（9・0％）、眼鏡類及び付属品（5・5％）、時計類（3・8％）、医薬品（3・2％）等となっている。点数では医薬品が一番多く、12・8％を占める。輸送形態別には件数では郵便物が一般貨物より多く93・5％、点数では一般貨物が30・2％である。金額の推計は約147億円、このうち約78億円がバッグ類とみられている。輸入差止申立件数は733件、このうち商標権が318件で43・3％、著作隣接権208件で28・3％であった。また旅客携帯品の放棄という形態もあり、これが1059件（35，050点）であった。仕出国は中国、韓国の順に多い。なお稀に日本から模倣品等が輸出されることもあり、この場合は輸出差止措置が取られる。2015年は商標権侵害で2件の輸出差止があり、点数では247点であった。

経済産業省でも模倣品対策を実施しており、2004年に対策窓口を設置して相談業務等を行い、年次報告をまとめている。同省への相談案件のうち、やはり香港を含む中国に関する案件が6割以上を占めている。

米国政府では米国通商代表部（United States Trade RepresentativeＵＳＴＲ）が模倣品問題に取り組んでおり、その状況は毎年スペシャル301条報告書（ＵＳＴＲ（2016））として公表されている。同報告書は、貿易相手国での知的財産権保護や法執行の状況を毎年レビューするものであるが、上述の日本政府の資料と比べると、内容はアグレッシブである。ＵＳＴＲは特に懸念のある国を警戒国や監視国等の名称でランク付けして、各国の現状・問題点を指摘、改善を促す。模倣品・海賊版による権利侵害は特許権、商標権及び著作権等々多岐にわたるが、米国はそれ以外にも営業秘密(trade secret)、すなわち機密事項として管理されている企業の顧客情報や未公開の新製品・ノウハウなども含めた保護を求めている。

ＵＳＴＲ（２０１６）によれば米国の水際での模倣品押収のうち金額で52％が中国仕出であり、香港経由のものを含めると85％に達する。しかし中国以外にも多様な国々がＵＳＴＲの監視対象になっている。２０１６年の優先監視国はアルジェリア、アルゼンチン、チリ、中国、インド、インドネシア、クウェート、ロシア、タイ、ウクライナ及びベネズエラの11か国であった。また監視国にはバルバドス、ボリビア、ブラジル、ブルガリア、カナダ、コロンビア、コスタリカ、ドミニカ、エクアドル、エジプト、ギリシャ、グアテマラ、ジャマイカ、レバノン、メキシコ、パキスタン、ペルー、ルーマニア、スイス、トルコ、トルクメニスタン、ウズベキスタン及びベトナムの23か国が挙げられた。このように中国以外に中南米や東欧の国々が多く含まれることと、スイス、カナダといった一部の先進国も含まれていることが特徴的である。[32]とは言えＵＳＴＲ（２０１６）は中国に最も紙幅を割いており、ここでも同国の模倣品問題における影響度は大きい。

経済協力開発機構（Organisation for Economic Co-operation and Development：ＯＥＣＤ）は加盟国からの報告を集計・分析して、世界の模倣品の被害状況を発表している。２００８年の調査に続き、２０１１年から２０１３年の情報をもとに改訂版（ＯＥＣＤ（２０１６））がこのたび発表された。これによると２０１３年の世界総輸入額１７・９兆ドルのうち、４，６１０億ドル（約２・６％、２００８年調査では１・９％）が模倣品と推計される。欧州連合（European Union：ＥＵ）のみでみると輸入の５％までが模倣品の可能性があるという。ＯＥＣＤ報告は模倣品がいわゆる高級ブランド品にとどまらず、生命に危険を及ぼすもの、例えば欠陥のある自動車部品、人体に害のある医薬品、子供に危害を与える玩具、滋養物のない乳幼児用飲料や不適格な医療機器などに広がっていることを警告している。

模倣品の仕出国は、ＯＥＣＤ報告でもやはり中国を筆頭に新興国や中進国が主で、その背景にはこれらの国では大量生産の能力がある一方で、それに見合ったガバナンスがなく、また法の十分な執行ができていないためであるとみている。

被害国の上位には、アメリカ、イタリア、フランス、スイス、日本、ドイツ、イギリス及びルクセンブルクが挙げられている。ただし、被害は先進国にとどまらず、例えば中国では中国企業自身が被害を受けるケースもある。

模倣品の流通には、インターネットの普及を反映して郵便小包が最もよく使われる（６２％）。流通ルートは複雑で、香港、シンガポールやアラブ首長国連邦の自由貿易地などのハブや、ガバナンスが弱く、組織犯罪が広がっている国などを経由、しかも頻繁に変わるという。

医薬品における模倣品（模造あるいは偽医薬品）は、上述のＯＥＣＤ報告のみならず、日本の税関でも毎年見つかっており、従来から米国のスペシャル３０１条報告書でも取り上げられるなど、世界中でその影響が懸念されている。[33]世界保健機関（World Health Organisation：ＷＨＯ）は低品質医薬品、偽造薬及び模造薬を総称して、ＳＳＦＣ医薬品（Substandard, Spurious, Falsely-labelled, Falsified, Counterfeit Medical Products)と呼んでいる。ＷＨＯはＳＳＦＣ医薬品は同一性や起源について偽表示された医薬品であり、一般的には、⑴表示された成分が含まれていない、⑵表示成分以外の有効成分が含まれている、⑶表示とは異なる起源の有効成分が含まれている、及び⑷表示量と異なっている（不純物の混入を含む）といった性質を有することが多いとしている。ＷＨＯ（２０１６）によれば、ＳＳＦＣ医薬品は通常、外見上正規品に似せて作られており、その特性上検出が難しく、すぐに明白な害はなくとも、病気や症状の改善に役立たないものが多い。また生産に必要な機器や材料は容易に入手できるので、生産拠点は容易に立ち上げることができ、非衛生・劣悪な環境下で大小さまざまな生産者が様々な国で生産されている。

ＳＳＦＣ医薬品の拡散やその影響度合いは未だ分かっていないが、ＷＨＯは加盟国に依頼して、正確な情報を収集し、２０１３年から世界規模での調査・モニタリングの体制構築を開始し、その実態把握に動いている。それによると、先発・後発医薬品を含めこれまでほぼすべての分野の医薬品で９２０品目以上が報告された。

日米当局や各国の調査を集計したＯＥＣＤ報告等を総合すると、全貌は把握しきれないものの、中国を中心とする新興国から主として先進各国に模倣品等が流入している状況が確実にあることが分かる。品目は多様であるが、ＯＥＣＤ報告が強調するように、従来よりあるブランド品の模倣から、医薬品等、幅広く消費者に影響するものへとその範囲が拡大し、一般の流通経路にも混在してきていることにも注目すべきであろう。また得られる情報は主として先進国の水際でのものであるが、模倣品等による被害は中国などの仕出国内でも生じており、新興国・途上国の消費者にも負の影響をもたらしている可能性が高い。実際ＷＨＯ（２０１６）は、ＳＳＦＣ医薬品の影響を最も受けているのは、中低所得国及び紛争や社会不安があり健康管理の仕組みが弱体化している地域であるとしている。

第２節　模倣品の経済分析

ブランドには、品質を保証する意味と、人に見せるための、人と違う高価なものの意味（例えばブランドのロゴが大きく表示された商品）の二つがあるが、Higgins and Rubin（１９８６）は後者に着目した研究を行った。本物を買う消費者（Ｈ型）と安い模倣品を探して買う消費者（Ｌ型）の二種類を仮定する。市場はそれぞれ別々になっており、本物を生産する独占企業（以下、本物企業）はＨ型のみに、偽物を生産する多数の企業（以下、偽物企業）はＬ型のみにそれぞれ供給する。

Higgins and Rubin（１９８６）は、偽物企業に偽物一単位当たりの罰金を科し、それを本物企業が受け取るという取締りの影響を検討した。罰金を低く設定すると、偽物が多くなり、たくさん出回るブランドは好まれないので本物の価格が低下してブランド価値が低下、罰金を高くしすぎると、偽物の供給が減り、本物の価格が上昇、需要が減る効果とともに罰金による収入も減少してしまう。すなわち罰金の水準とブランド価値の間に逆Ｕ字型の関係が得られる。社会的に最適な模倣品対策といっても問題の設定自体が容易ではないが、ブランドの価値を維持しつつ、消費者余剰を最大化するためには、このアプローチでは罰金を中間的な水準に設定し、ある程度の偽物の流通を許容することが最適な政策となる。

Grossman and Shapiro（１９８８ａ）は先進国のブランドを有する企業（群）と途上国から先進国へ、⑴低級品を輸出する企業と⑵模倣品（低級品に違法にブランドロゴを付けたもの）を輸出する企業が存在し、これら三種類の企業が先進国市場において消費者を奪い合う状況を想定する。消費者は各々嗜好が異なり、本物を買う層、模倣品を買う層、そして最も安い低級品を買う層の三種類に分かれる。模倣品を買う層とは、ブランド名に価値を感じているが本物の価格は支払いたくないという消費者である。

この研究では先進国政府による水際で模倣品を取締り（模倣品を見つけたら廃棄）と輸入品への関税賦課の二種類の対策を検討しているが、いずれをもってしても社会的厚生（生産者余剰、消費者余剰及び政府収入の合計）が高まるとは限らない。これはひとつには、Higgins and Rubin（１９８６）と同様に模倣品を望んで買う人がいることを想定しているためである。[34]

Kwan Choi（２００８）は本物と偽物が混在する市場をmixed market（混合市場）と捉えて、両者の競合関係を中心に分析している。特にブランドを有する二社が競合しているとき、偽物が存在すると、この二社の利益となる場合があるなど興味深いケースが挙げられている。Kwan Choi（２００８）は途上国は先進国の知的財産法を遵守することで直接的な利益を得ることはなく、また取締まり強化もコストが高いので、偽物企業の告発・撲滅も最適な政策とは言えない場合もあると指摘している。知的財産権の考え方が確立されていない国においては、むしろ偽物業者を登録制にして認めることが社会的に最適な政策になりうる。

実証的に模倣品のインパクトを検証してみようという試みもある。Ｑｉａｎ（２００８）は、中国の靴の産業における正規品、模倣品に関する実証研究を行い、模倣品業者が参入することの正規品業者への影響を研究した。模倣品が現れると、正規品業者は模倣品との差別化を迫られ、数年経つと、正規品業者は品質を上げるなどのイノベーションを行うとともに、自社での模倣品取締りや販売店の（垂直）統合を行うなどの行動をとることが分かった。これらの結果、正規品の価格は上昇する。

前節で紹介した米国に代表される先進国政府や企業の厳しい姿勢とは対照的に、以上のように経済理論からは幾分驚くべき結果が得られている。一言で整理してしまうならば、(模倣品は)「多少は良い」ということになろう。しかし、研究結果の解釈にあたって注意しなければならないのは、多くの研究が対象にしているのは、セカンダリー・マーケット(二次市場)、すなわち「模倣品と知りながら」購入する消費者が存在する商品であることである。前節で問題にしたような医薬品の場合、通常はこれには該当せず、知らずに購入しているケースが問題になる。医薬品を模倣品と知らずに買ってしまうケースは模倣品のプライマリー・マーケット(一次市場)に該当する。つまり、模倣品分析にはその種類を明確にする必要があるのである。先行研究が理論的に興味深い結果を提示しているのは、セカンダリー・マーケットを対象としているからであるとも言えよう。しかしSSFC医薬品問題等に鑑みると、今後はGrossman and Shapiro(1988b)のように模倣品のプライマリー・マーケットを含めた分析も必要ではないかと思われる。[35]

第3節　模倣品問題への国際的取り組み動向とグローバル関係

知的財産権はパリ条約やベルヌ条約などによってグローバルな保護が始まり、1970年には世界知的所有権機関（World Intellectual Property Organization：ＷＩＰＯ）が設立された。その後これらを発展・強化する形で知的財産権保護の国際的取り組みが強化されてきている。

まずガットではウルグアイ・ラウンドで知的財産権が新分野として検討が始められ、１９９５年には知的所有権の貿易関連の側面に関する協定（Agreement on Trade-Related Aspects of Intellectual Property Rights：ＴＲＩＰＳ協定）が発効した。同協定では知的財産権行使（国境措置や民事・刑事執行）に関する規定が創設されるとともに、紛争解決手続きが導入された。

さらに２００５年のＧ８グレンイーグルス・サミットでは、知的財産権に関するより効果的な枠組みをつくるために、日本が知的財産権侵害物品の拡散防止のための法的枠組み策定の必要性を提唱、これが偽造品の取引の防止に関する協定（Anti-Counterfeiting Trade Agreement：ＡＣＴＡ）として結実した。ＡＣＴＡには２０１１年に日本、オーストラリア、カナダ、韓国、モロッコ、ニュージーランド、シンガポール及びアメリカの８か国が署名、翌２０１２年にはＥＵの加盟を得た。ＡＣＴＡのポイントは、⑴新たな侵害手法への対応、⑵デジタル環境下の対策、⑶国境措置の強化、⑷民事上の執行強化、及び⑸刑事上の執行強化である。新たな侵害手法とは、模倣品とそれに貼り付ける模倣ラベルを別々に輸入し、税関での取り締まりを回避して、後から輸出先で模倣品にラベルを貼付して販売する手口である。ＡＣＴＡは模倣ラベルの取締りも可能にして、この手口を封じる。デジタル環境下の対策とは、違法なコピーやアクセスを防ぐ暗号等を解除するソフト等の製造、輸入、頒布及びサービス提供を新たに規制して、違法の二次利用を防ぐものである。国境措置の強化により、輸出の取締りも行う。輸出品への通関停止措置を義務化、税関当局の職権による輸出品の通関停止が可能になる。民事上の執行強化により輸出侵害物品も対象に含め、侵害品及び侵害物作成機材の廃棄等が義務化される。また刑事上の執行強化により、個人のみでなく法人の責任も追及し、ほう助・教唆罪についての責任追及も可能になる。

環太平洋パートナーシップ（Trans-Pacific Partnership: ＴＰＰ）協定第18章の知的財産章にもＴＲＩＰＳを上回る水準の知的財産保護や権利行使等の規定が盛り込まれている。具体的には国境措置の強化、営業秘密の不正取得、商標を侵害しているラベルやパッケージの使用、映画盗撮に対する刑事罰義務化、衛星放送やケーブルテレビの視聴を制限している暗号を不正に外す機器の製造・販売等への刑事罰及び民事上の救済措置導入等である。

このようにＴＲＩＰＳを超えた諸協定が構築される一方で、先進国と新興国・発展途上国との間の溝は深まってきているのではないかとみられる。実際ＡＣＴＡは新興国・途上国の加盟がないという点ではこの数年進展していない。吾郷（２０１１）によれば、中国は「ＡＣＴＡは過度の規制強化は権利の独占、さらには貧富の差を拡大させる」と指摘、ＡＣＴＡが悪影響を及ぼすなら世界貿易機関への提訴も辞さない考えを示している。またブラジルとインドも交渉段階からＡＣＴＡに反対している。確かに上述のようにＡＣＴＡの内容には新興国・途上国政府が直ちに実施するには厳しいものが含まれており、さらにはＡＣＴＡ等によって、例えばインドなど新興国が得意とするジェネリック医薬品の輸出が妨げられる、といった誤解もあるとみられる。[３６]

ＡＣＴＡやＴＰＰその他の協定は、ＴＲＩＰＳを超えた知的財産権保護に対する先進国の強い意志を打ち出すには有効であるとみられる一方、主要新興国の参加を得られないまま頓挫しているとの見方もできる。いかにして新興国・途上国の参加を得ながら知的財産権保護を実現していけばよいのだろうか。

図１．一次市場へのグローバルな取り組みを優先するアプローチ

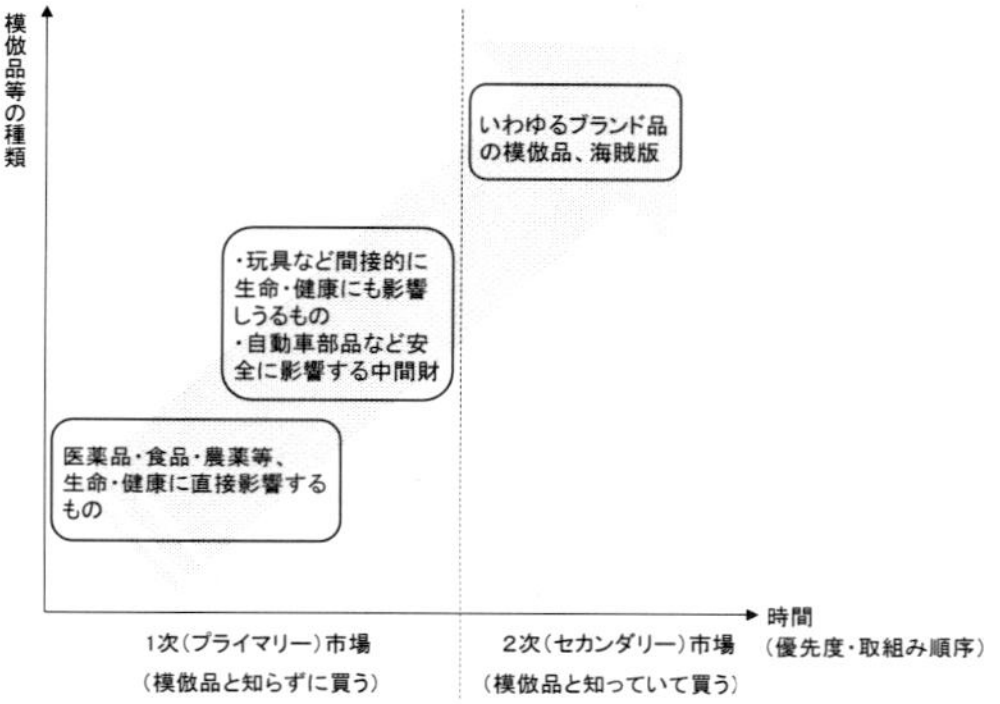

（出所）筆者作成

第４節　模倣品問題へのグローバル・アプローチの検討

模倣品・海賊版問題は、その種類、権利侵害の内容及び消費者との関係・影響において多様であるので、一本の条約でひとくくりにして対処するのは一見合理的なようではあるが、現実には難しい。加えて前節で概観したように、ＴＲＩＰＳ協定を超えて模倣品の対象範囲や取締り手段を拡大した国際協定を、新興国も取り込みながら加盟国を広げていくことは、新興国の事情を考えると難しいと言わざるを得ない。経済理論も必ずしも模倣品の駆逐を支持しておらず、二次市場に関しては取締りも万能ではない。そこで本節では、優先度に応じた時間軸を考慮に入れた模倣品の国際的取り組みの再構築、具体的にはプライマリー市場を優先した取り組みを提言したい。図1に模倣品を三種類に分類した。第一は、医薬品・食品・農薬等消費者の生命・健康に直接影響するものである。第二は玩具など間接的に生命・健康に影響するものや自動車部品など安全に影響する中間財である。これらの模倣品は、（特に第一のものは）消費者が模倣品と知らずに買う一次市場に出回って被害が生じているものである。そして第三がブランド品や海賊版で、多くの場合、それを模倣品と知って買う消費者がいる二次市場で取引されているものである。[37]これら三種類の模倣品・海賊版を、先進国・途上国を問わず消費者への影響を考慮すると、医薬品など人命に直結するものをまず優先し、順次第二、第三のタイプの模倣品・海賊版へと取り組み範囲を広げていくのが、実現可能性が高く、先進国及び新興・途上国双方の消費者の厚生に寄与するという意味でより有効ではないだろうか。先進国のブランド保有企業の視点からの規制ではなく、医薬品など健康問題など中国を含めた新興国・途上国も被害を受けているものにまず対象を絞れば、先進国と新興国・途上国の利害が一致し易いであろう。第三のブランド品については、生産者の取締りのみでなく、消費者の教育も求められよう。

また模倣品・海賊版問題は、実態としてかなりの程度、中国問題でもある。よってアジアでの国際的取り組みも重要で，日本の果たしうる役割は大きい。すでに日本政府はＡＣＴＡへの参加呼びかけだけでなく，税関業務のキャパシティビルディングや日中知的財産権ワーキンググループの活動などで，中国政府に対してさまざまな働きかけを行っているが，中国も加盟するアジア太平洋経済協力会議も一層活用すべきであろう。

参考文献

吾郷伊都子（２０１１）「ＡＣＴＡで知財権の保護強化」『ジェトロセンサー』２０１１年６月号，日本貿易振興機構。

Grossman, G. M. and Shapiro, C. (1988a) “Foreign counterfeiting of status goods,” *Quarterly Journal of Economics*, Vol. 103, 79–100.

Grossman, G. M. and Shapiro, C. (1988b) “Counterfeit-product trade,” *American Economic Review*, Vol. 78, 59–75.

Higgins, R. S. and Rubin, P. H. (1986) “Counterfeit Goods,” *Journal of Law and Economics*, Vol. 29, 211–230.

経済産業省・政府模倣品・海賊版対策総合窓口（２０１６）『模倣品・海賊版対策の相談業務に関する年次報告』。

Kwan Choi, E. (2008) “Mixed markets with counterfeit producers,” in E. Kwan Choi and J. C. Hartigan, eds., *Handbook of International Trade, Volume 2*, Blackwell Publishing.

OECD (Organisation for Economic Cooperation and Development) (2008), *The Economic Impact of Counterfeiting and Piracy*, Paris: OECD Publications.

OECD (Organisation for Economic Cooperation and Development) (2016) *Trade in Counterfeit and Pirated Goods – Mapping the Economic Impact*, Paris: OECD Publications.

Qian, Yi (2008) “Impacts of Entry by Counterfeiters” *Quarterly Journal of Economics*, Vol. 123, 1577-1609.

Raustiala, K. and Sprigman, C. (2012), *The Knockoff Economy*, Oxford University Press, New York（山形 浩生，森本 正史訳『パクリ経済―コピーはイノベーションを刺激する』みすず書房，２０１５年）

USTR (United States Trade Representative) (2016) *Special 301 Report*, Office of the United States Trade Representative.

WHO (World Health Organization) (2016) “Substandard, spurious, falsely labelled, falsified and counterfeit (SSFFC) medical products”, fact sheet. (http://www.who.int/mediacentre/factsheets/fs275/en/)

財務省（２０１５）『平成27年の税関における知的財産侵害物件の差止状況』。

---

32 スーパー３０１条報告書においてカナダが監視国とされているのは、税関職員に模倣品・海賊版の没収権限を与えていないためである。同様にスイスも監視国とされているのは、著作権保護が不十分であるとみられるためである。

33 わが国でも偽造医薬品が一般に流通し始めている。厚生労働省によれば２０１７年１月17日、米ギリアド・サイエンシズの日本法人が販売するC型肝炎治療薬「ハーボニー配合錠」の偽造品が、奈良県内の薬局チェーンで発見された。

34 Grossman and Shapiro（１９８８b）は同様に海外から低級品に混じって偽物が輸入されてしまうケースにおいて、本物を買おうとしている消費者が知らずに偽物を購入してしまう可能性を含めて考察した。ここでも水際での取締り強化は、必ずしも先進国側の経済厚生を高めるとは言えず、没収にした偽物を廃棄せずに販売する方が望ましい場合もあるとの結果を得ている。

35 プライマリー・マーケットに関しては、今後の継続課題としたい。

36 なお欧州ではＡＣＴＡへの市民の反発もあり、欧州議会はＡＣＴＡ批准に至っていない。市民の反発の背景には、違法にダウンロードしたものが没収される、あるいはプロバイダの権限が過度に強まる、といった誤解もあるものと考えられる。

37 もちろんブランド品の模倣品がすべて二次市場で取引されているわけではない。ＯＥＣＤ（２０１６）の模倣品の単価分析からは、模倣品の中には正規品と同程度の価格のものもあり、こうしたものは一次市場で消費者を欺いて販売されている可能性がある。

あとがき

本ブックレットでは、政治経済的地域統合をめぐる「関係性」を考察した。第一章では、米国、欧州およびアジア太平洋地域において昨今みられる自由貿易主義から保護貿易主義への急速な変化が「関係性」から生じる点を指摘した。第二章においては、アジア太平洋における重層的な地域経済統合に関する考察を行った。第三章では、日中韓三カ国間の経済連携という関係性の可能性につき検討した。第四章では、模倣品という表象に焦点を当て、脱国境的な関係性の現状を考察した。いずれの論稿も、「国家間において結ぶ地域統合」という視点では捉えつくせない階層的な因果連鎖を可能な限り拾おうとする試みの第一歩であり、今後研究をさらに積み重ねていくべきことは言うまでもない。

本書の出版にあたっては、千葉大学リーディング研究プロジェクト「未来型公正社会研究」（代表：水島治郎）および文部科学省 科学研究費補助金新学術領域研究（研究領域提案型）「グローバル関係学」（代表：酒井啓子・千葉大学法政経学部教授）の中の計画研究 A02「政治経済的地域統合」（課題番号16H06548、研究代表：石戸光・千葉大学法政経学部教授））からの助成を受けた。編集作業においては田代佑妃さんおよび明利千穂さんに、出版に当たっては三恵社の木全俊輔さんに大変お世話になったことを記して感謝したい。

編著者の所属

石戸　光　　千葉大学大学院社会科学研究院 教授

畑佐　伸英　　名古屋経済大学経済学部 教授

韓　葵花　　千葉大学大学院人文社会科学研究科 特別研究員

渥美　利弘　　明治学院大学経済学部准教授

グローバル関係学ブックレット
政治経済的地域統合
―アジア太平洋地域の関係性を巡って―

2017年8月9日　　初版発行

編著者　石戸　光
著　者　畑佐伸英
　　　　渥美利弘
　　　　韓　葵花

定価(本体価格1,000円+税)

発行所　株式会社　三恵社
〒462-0056 愛知県名古屋市北区中丸町2-24-1
TEL 052 (915) 5211
FAX 052 (915) 5019
URL http://www.sankeisha.com

乱丁・落丁の場合はお取替えいたします。

ISBN978-4-86487-726-8 C3033 ¥1000E